新 BCT
실전 모의고사

이동욱 **지음** | **김현철** 감수

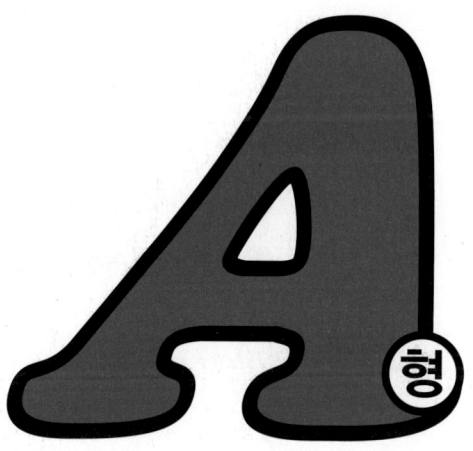

A형

동양b**ks

新 BCT 실전 모의고사 A형

1판 1쇄 인쇄 | 2015년 3월 10일
1판 1쇄 발행 | 2015년 3월 20일

지은이 | 이동욱
감 수 | 김현철
발행인 | 김태웅
총 괄 | 권혁주
편집장 | 조희준
책임편집 | 한지순
편 집 | 최미진, 연윤영, 가석빈
디자인 | 김민정
마케팅 | 서재욱, 장영임, 정유진, 김귀찬, 왕성석
온라인 마케팅 | 김철영
제 작 | 현대순
총 무 | 한경숙, 안서현, 최여진
관 리 | 김훈희, 이국희, 김승훈, 최국호

발행처 | 동양북스
등 록 | 제10-806호(1993년 4월 3일)
주 소 | 서울시 마포구 동교로 22길 12 (121-842)
전 화 | (02) 337-1737
팩 스 | (02) 334-6624

http://www.dongyangbooks.com
http://www.dongyangTV.com

ISBN 979-11-5703-062-0 14720
ISBN 979-11-5703-061-3 (세트)

© 이동욱, 2015

이 도서의 국립중앙도서관 출판시도서목록(CIP)은 서지정보유통지원시스템 홈페이지(http://seoji.go.kr)와
국가자료공동목록시스템(http://www.nl.go.kr/kolisnet)에서 이용하실 수 있습니다.
(CIP제어번호:CIP2015005914)

머리말

21세기로 접어든 후 일어난 가장 큰 변화 중 하나는 중국어의 열풍일 것입니다. 특히 중국과 인접해 있는 우리나라는 정치, 경제, 문화 등 다방면으로 중국과 교류를 하고 있습니다. 그러나 중국과 많은 교류에 비해 이에 상응하는 전문화 된 시험은 아직 부족한 실정입니다.

흔히 비즈니스 중국어라고 하면 너무 어렵지 않을까 하는 생각에 배울 시도조차 하지 못하거나, 또는 중도에 포기에 포기해 버리기 일수였는데, 이런 난이도의 단점을 보완하여 2015년부터 새롭게 바뀐 BCT 시험이 시행이 됩니다.

BCT를 통하여 제품소개, 광고, 계약 등 업무와 관계된 중국어 표현, 또한 쇼핑, 교통 등과 같은 생활과 관계된 일체의 중국어 표현을 학습할 수 있습니다.

필자는 주변에서 고급 중국어 자격증을 획득했음에도 서신작성, 자기소개 등의 정식 중국어 표현을 마음껏 구사하는 사람을 거의 보지 못했습니다. 문어체와 구어체에 대한 이해도 그리 높지 않음을 알게 되었습니다.

BCT는 무엇보다 장소와 상황에 걸맞는 중국어를 학습할 수 있는 가장 좋은 수단입니다. 앞으로 중국어에 대한 요구사항과 이에 따라 경쟁력이 높아질 것은 분명합니다. 기본 회화 실력만으로는 자신의 중국어 능력을 증명하기에 부족할 수도 있습니다.

BCT 요강에 입각하여 응시생의 중국어 활용도 면에서 최대한의 효율을 내기 위해 장기간의 자료수집 및 검토 끝에 본 교재를 출간하게 되었습니다. 필자의 오랜 기간 중국 생활 경험을 토대로 실용성을 갖추기 위해 심혈을 기울였습니다.

본 교재가 나오기 까지 도움을 주신 동양북스 직원들께 감사드리며, 정신적 지주가 되어 준 저의 아내에게도 감사의 말씀을 전합니다.

아무쪼록 BCT를 통하여 지금까지 활용하지 못했던 새로운 중국어에 세계로 오신 여러분을 진심으로 환영합니다.

이동욱 저자

1. BCT(Business Chinese Test)란?

중국어를 모국어로 사용하지 않는 사람들을 대상으로 비즈니스 활동에 종사하거나 관련 있는 응시자의 중국어 의사소통능력을 가장 효과적 이고 정확하게 측정해 주는 표준화된 시험으로, 2015년부터 BCT (A)형과 BCT (B)형 두 가지 난이도 형태로 난이도 구분이 기존보다 세분화되고, 더욱 새롭게 바뀌었습니다.

난이도	시험 유형	구성	응시료(VAT미포함)	형식
초급	BCT(A형)	듣기, 읽기, 쓰기	36,000	필기 시험
중고급	BCT(B형)	듣기, 읽기, 쓰기	55,000	
	BCT 회화	말하기	66,000	전산화 시험(IBT)

중국 비즈니스와 관련된 광범위한 직장업무, 일상생활, 사회 교류 활동 중 필요한 중국어 구사 능력을 BCT 시험으로 평가합니다.

2. 접수

BCT 시험은 우편 및 방문접수는 안되고, 온라인 접수만 가능.

접수: 한국BCT사업본부 공식 홈페이지 (www.bctkorea.com)에서 접수.

3. 시험 당일 준비물

수험표, 연필 또는 샤프펜(볼펜, 사인펜 불가), 지우개, 시계, 신분증,

★ 유효한 신분증

주민등록증, 운전면허증, 기간 만료 전의 여권, 공무원증, 기간 만료 전 주민등록증 발급신청서, 청소년증, 학생증(국내학생증만 허용), 기간 만료 전의 여권, BCT신분확인 증명서, 외국인 등록증, 여권, 장교 및 부사관 신분증, 군무원증, BCT신분확인 증명서(사병)

※ 학생증은 반드시 이름, 사진, 학교명이 명확하고 식별 가능하게 기재되어 있어야 함.
※ BCT신분확인증명서를 다운로드하여 작성할 경우 학교장 직인을 받아 오는 경우에만 신분증으로 인정

4. 성적조회 및 수령

BCT 시험날로부터 40일 이내 발급되며 등기우편으로 수험생에게 송부됨.

BCT 성적 인증서는 중국에서 제작하여 한국BCT사업본부로 발송되므로 중국 현지 사정에 따라 성적표 발송이 늦어질 수 있다.

新BCT A형 소개

BCT A형

- 어휘량 : 600개
- 수준 : 실제 생활과 업무상에서 중국어로 기본적인 의사소통이 가능.

시험 구성

BCT (A)형은 난이도 : 초·중급 수준(구 BCT 1~3급에 해당)하며, 모두 70문항으로 듣기, 읽기, 쓰기 3가지 영역으로 이루어져 있다.

영역	내용		문항수	시간	배점
시험지 작성 요령 설명				5 분	
듣기	1부분	10	30	약 20 분	100
	2부분	10			
	3부분	10			
OMR 카드 작성				5 분	·
읽기	1부분	10	30	30 분	100
	2부분	20			
쓰기	·		10	10 분	100
합계			70	약 65 분	300

영역별 문제 유형

듣기	1부분	보기 사진과 들려주는 단어 혹은 문장의 녹음 내용과 일치하는지 판단한다. (10문제)
	2부분	짧은 문장의 녹음 내용과 주어진 3장의 사진 중에서 일치하는 것을 고른다. (10문제)
	3부분	짧은 대화를 듣고 4개의 보기 중에 녹음 질문에 알맞은 답을 선택한다. (10문제)
읽기	1부분	주어진 보기 단어 중에서 문제의 빈칸에 알맞은 답을 선택한다. (5문제) 하나의 표 혹은 짧은 문장이 주어지고, 표의 빈칸에 알맞은 보기의 답을 고른다. (5문제)
	2부분	주어진 사진, 그림표 혹은 단문 등의 자료를 보고 알맞은 답을 선택한다. (20문제)
쓰기	1부분	주어진 문장에서 한 개의 글자가 빈칸으로 되어 있는데, 빈칸의 병음을 보고 글자를 채워 넣는다. (10문제)

国家汉办/孔子学院总部
Hanban/Confucius Institute Headquarters

商务汉语考试成绩报告BCT（A）

Business Chinese Test (A) Examination Score Report

姓名：
Name

性别：　　　　国籍：
Gender　　　　Nationality

考试时间：　　　　　年　　　月　　　日
Examination Date　　　　Year　　　Month

编号：
No.

	满分 (Full Score)	你的分数 (Your Score)
听力 (Listening)	100	
阅读 (Reading)	100	
书写 (Writing)	100	
总分 (Total Score)	300	

主任　　　　　　　　　国家汉办
Director　　　　　　　　Hanban

中国 · 北京
Beijing · China

※ 실제 성적표에는 응시한 과목만 표시됩니다.

차 례

실전문제

모범답안

권말부록

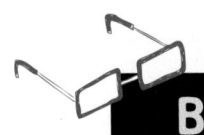

BCT A형 실전문제 풀이 자가 진단

● BCT 실전 모의고사 A형 1회 ●

★ 문제 풀이 실력 평가

문제풀이 시간은요?	시간이 남았어요. 😊	시간에 알맞게 풀었어요. 😐	시간이 모자랐어요. 😟
암기한 단어량은 요?	대부분 아는 단어가 많았어요. 😊	모르는 단어가 몇 개 있었어요. 😐	모르는 단어가 많았어요. 😟
문제풀이 완성도는?	문제를 모두 이해하고 풀었어요. 😊	모르는 문제가 몇 개 있었지만 수월하게 풀었어요. 😐	운명에 맡기고 찍은 문제가 많아요. 😟

★ 실전문제 문제를 풀고 스스로가 느낀 영역별 난이도를 체크해보고 자가 진단을 해보세요.

	난이도 체크 ✓			문제점 스스로 진단
듣기	상	중	하	
읽기	상	중	하	
쓰기	상	중	하	

● BCT 실전 모의고사 A형 2회 ●

★ 문제 풀이 실력 평가

문제풀이 시간은요?	시간이 남았어요. 😊	시간에 알맞게 풀었어요. 😐	시간이 모자랐어요. 😟
암기한 단어량은 요?	대부분 아는 단어가 많았어요. 😊	모르는 단어가 몇 개 있었어요. 😐	모르는 단어가 많았어요. 😟
문제풀이 완성도는?	문제를 모두 이해하고 풀었어요. 😊	모르는 문제가 몇 개 있었지만 수월하게 풀었어요. 😐	운명에 맡기고 찍은 문제가 많아요. 😟

★ 실전문제 문제를 풀고 스스로가 느낀 영역별 난이도를 체크해보고 자가 진단을 해보세요.

	난이도 체크 ✓			문제점 스스로 진단
듣기	상	중	하	
읽기	상	중	하	
쓰기	상	중	하	

★ 문제 풀이 실력 평가

문제풀이 시간은요?	시간이 남았어요. 😊	시간에 알맞게 풀었어요. 😐	시간이 모자랐어요. 😟
암기한 단어량은 요?	대부분 아는 단어가 많았어요. 😊	모르는 단어가 몇 개 있었어요. 😐	모르는 단어가 많았어요. 😟
문제풀이 완성도는?	문제를 모두 이해하고 풀었어요. 😊	모르는 문제가 몇 개 있었지만 수월하게 풀었어요. 😐	운명에 맡기고 찍은 문제가 많아요. 😟

★ 실전문제 문제를 풀고 스스로가 느낀 영역별 난이도를 체크해보고 자가 진단을 해보세요.

	난이도 체크 ✓			문제점 스스로 진단
듣기	상	중	하	
읽기	상	중	하	
쓰기	상	중	하	

나의 이번 BCT(A) 시험

목표 점수는 [   ] 이다!

BCT 고득점을 향해 加油!

新 BCT

실전 모의고사

A형

제1회

孔子学院总部 / 国家汉办
Confucius Institute Headquarters(Hanban)

商务汉语考试
新BCT(A)样卷1

注　意

一、BCT（A）分三部分：

　　1. 听力（30题，约20分钟）

　　2. 阅读（30题，30分钟）

　　3. 书写（10题，10分钟）

二、听力结束后，有5分钟填写答题卡。

三、全部考试约70分钟(含考生填写个人信息时间5分钟)。

中国　　北京　　　　　　　　　　孔子学院总部/国家汉办　　编制

一、听 力

第 一 部 分

第 1 - 10 题

例如:		✓
		✕
1.		
2.		
3.		
4.		

5.		
6.		
7.		
8.		
9.		
10.		

第 二 部 分

第 11 - 20 题

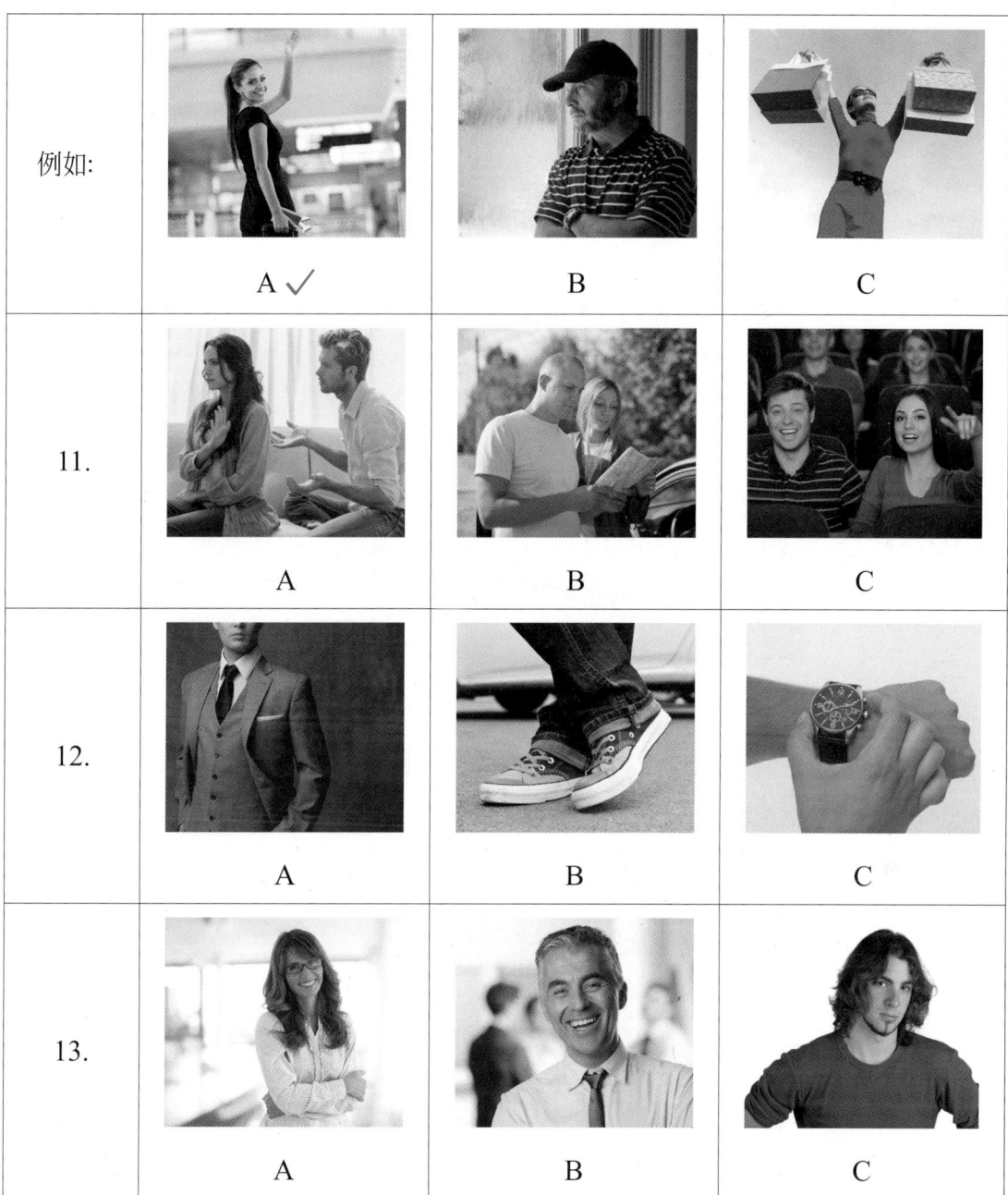

14.	A	B	C
15.	A	B	C
16.	A	B	C
17.	A	B	C
18.	A	B	C

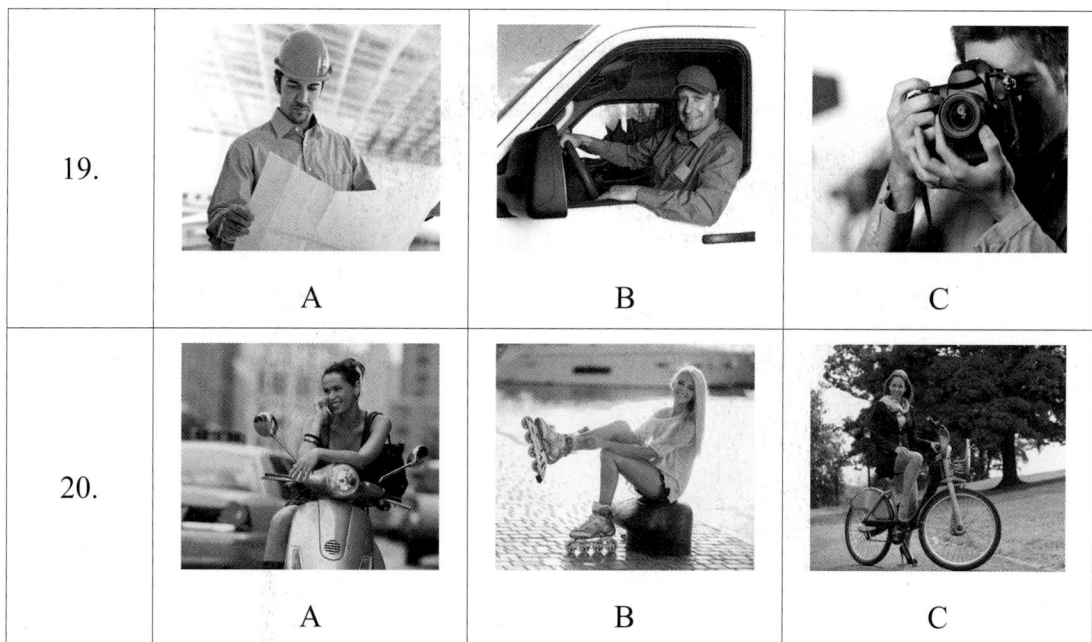

| 19. | A | B | C |
| 20. | A | B | C |

第 三 部 分

第 21 - 30 题

例如:　女：明天下午我们一起去工厂，好吗？

男：好的，两点从办公室出发。

问：他们从哪儿出发？

A 学校 　　　　　　B 工厂 　　　　　　C 办公室 ✓

21.　A 一个 　　　　　　B 两个 　　　　　　C 三个

22.　A 护照 　　　　　　B 钱包 　　　　　　C 名片

23.　A 网上 　　　　　　B 报纸 　　　　　　C 电视

24.　A 35% 　　　　　　B 50% 　　　　　　C 80%

25.　A 机场 　　　　　　B 医院 　　　　　　C 酒店

26.　A 车坏了 　　　　　B 忘记加油了 　　　　C 卖给别人了

27.　A 感冒了 　　　　　B 休息不好 　　　　　C 每天加班

28.　A 水和伞 　　　　　B 钱和面包 　　　　　C 水和巧克力

29.　A 203 　　　　　　B 233 　　　　　　C 302

30.　A 星期五 　　　　　B 星期六 　　　　　C 星期天

二、阅 读

第 一 部 分

第 31－35 题

A 名片	B 合作	C 请稍等
D 不客气	E 填	F 通知

例如：　男：谢谢您的帮助。

　　　　女：（ D ）。

31.　男：麻烦您，请帮我查一下上海国际酒店的电话。

　　　女：好的，（　　　）。

32.　女：公司（　　　）全体员工下午要开会。

　　　男：会议下午几点开？

33.　男：这是我的（　　　），上面有我的联系方式。

　　　女：谢谢。

34.　女：希望我们（　　　）愉快！

　　　男：干杯！

35.　请您在这儿（　　　）一下姓名和电话号码。

第 36‑40 题

A 男　　　　　　　B zxt88@sohu.com　　　　C 35
D 手机　　　　　　E 姓名　　　　　　　　　F 生产部主任

例如：_____E_____：张晓天

36.　　年龄：_____

37.　　性别：_____

38.　　职称：_____

39.　　_____：18655891135

40.　　电子邮件：_____

第 二 部 分

第 41 - 60 题

例如:

★ 这是什么地方?

A 机场   B 会议室   C 洗手间 ✓

41.

★ 根据这种标志可以知道, 这里:

A 很危险   B 禁止停车   C 不能拍照片

42.

华南修车中心

刘 星 总经理

地址: 北京市朝阳路111号
联系电话: 18600651737

★ 刘星在哪儿工作?

A 修车店   B 北京饭店   C 出租车公司

43.

招　聘
本公司因业务发展需求，现招收营业员2名。 要求：年龄20~35周岁、有上进心、吃苦耐劳、有相关工作经验者优先。 联系人：王海(18600529988)

★ 公司需要招：

A 营业员　　　　　　　B 销售员　　　　　　　C 公司经理

44.

小刘，下周一我去上海参加展览会，我想下周四签订购物合同。你收到后请回复我。谢谢。

张勇

2015-12-11

★ 根据留言，下列哪项正确？

A 两人在打电话　　　B 张勇要去出差　　　C 小刘是公司经理

45.

XX公司食堂午餐菜单	
凉菜	四川拌菜
热菜	土豆炖茄子
主食	馒头
饮品	果汁

★ 食堂中午提供几种菜？

A 两种　　　　　　　B 四种　　　　　　　C 八种

46.

快乐书店营业时间
周一至周五　10:00~22:00
双休日　10:30~21:30

★ 如果你要买一本词典，可以选择什么时间？

A 周四16点　　　　　　B 周六10点　　　　　　C 周日22点

47.

幸福超市10周年店庆
满88元减18元
满188元减38元

★ 如果买200元的保健品，应该付：

A 88元　　　　　　　　B 150元　　　　　　　　C 162元

48.

航班	始发地	目的地	出发时间	到达时间	用时
MU5796	重庆	上海	08:20	10:50	2个半小时

★ 飞机几点到上海？

A 08:20　　　　　　　　B 10:50　　　　　　　　C 13:20

49-50.

张东2015年11月13日支出（元）	
打车回家	28元
饭费	42元
买杂志	15元

★ 11月13日哪项支出最多？

A 交通费　　　　　　　B 餐费　　　　　　　　　C 买杂志

★ 11月13日这一天，张东：

A 买了杂志　　　　　　B 没吃东西　　　　　　　C 骑车回家

51-52.

P 停车收费标准

小型车: 3元／小时，全天30元（5米以下）
中型车: 4元／小时，全天35元（5米至9米）
大型车: 5元／小时，全天45元（9米以上）

★ 宽度为8米的车，两个小时的停车费:

A 4元   B 6元   C 8元

★ 一辆小型车，停车24小时应该付费:

A 3元   B 30元   C 72元

53-54.

张经理的日程表			
时间	星期三	星期四	星期五
上午	参加会议	签合同	放假
下午	谈价格	看产品	去火车站

★ 周三下午，张经理计划做什么？

A 谈生意   B 商量价格   C 修改合同

★ 如果张经理想和客户见面，最好安排在:

A 周三下午   B 周四上午   C 周五上午

55-57.

邀请信

王女士:

　　您好！我店定于下月十五日上午九时正式开业，当天上午十一点在我店三楼举行服装秀，十四点在光明饭店举行宴会。敬请光临。

花丽服装店
2015年11月28日

★ 这家店哪天开始营业？

A 11月15日   B 11月28日   C 12月15日

★ 根据邀请信，即将开业的是:

A 光明饭店　　　　　B 花丽服装店　　　　　C 王女士的店

★ 根据邀请信，可以知道什么？

A 下午有宴会　　　　B 店里不能拍照　　　　C 有很多停车位

58-60.

中华旅行社二十周年庆祝活动安排

参加人员	公司全体员工及300名幸运客户	
活动时间	2015年12月26日	
活动地点	颐和园、新中饭店	
活动安排	09:00~11:30	2015年工作总结(颐和园)
	11:30~14:00	自助餐(新中饭店)
	14:00~17:30	2015年新旅游产品介绍(颐和园)
	17:30~22:00	宴会(新中饭店)
联系人	宣传部(胡霖、江成)	
联系方式	010-6558-9335	

★ 中华旅行社成立多长时间了？

A 1年　　　　　　　B 10年　　　　　　　C 20年

★ 谁可以参加这次活动？

A 所有客户　　　　　B 颐和园游客　　　　　C 中华旅行社员工

★ 下列哪项活动在新中饭店举行？

A 宴会　　　　　　　B 工作报告　　　　　　C 旅游产品介绍

三、书 写

第 61 - 70 题

例如:

　　　　　　　　　　　　bì
我2011年大学(　　毕　　)业，已经工作三年多了。

　　　　　　　　　　　piào
61.　　你好，我想开发(　　　　　)。

　　　　　　　　　　　　chí
62.　　小林，最近你怎么经常(　　　　　)到？

　　　　　　　　　　　　yòu
63.　　请把收信人的名字写在(　　　　　)边。

　　　　　　　　　　　　　shòu
64.　　他上星期已从生产部调到销(　　　　　)部了。

　　　　　　　　　　　qíng
65.　　今天是难得的(　　　　　)天，我们出去散散步吧。

　　　　　　　　　miǎnfèi
66.　　您好，我们(　　　　　)为您提供服务。

　　　　　　　　chǎnpǐn
67.　　他在公司做(　　　　　)介绍工作。

　　　　　　　　　　　　　　fāngxiàng
68.　　我从来没来过这儿，不知道往哪个(　　　　　)走。

　　　　　　　　　　　　　yánsè
69.　　我要买一件外衣，这次想买(　　　　　)深一点儿的。

　　yínháng
70.　　(　　　　　)下午五点就关门，还有半个小时，我们快点走吧。

MEMO

新▶BCT

실전 모의고사

A 형

제2회

孔子学院总部 / 国家汉办
Confucius Institute Headquarters(Hanban)

商务汉语考试
新BCT(A)样卷2

注　意

一、BCT（A）分三部分:

　　1. 听力（30题，约20分钟）

　　2. 阅读（30题，30分钟）

　　3. 书写（10题，10分钟）

二、听力结束后，有5分钟填写答题卡。

三、全部考试约70分钟(含考生填写个人信息时间5分钟)。

中国　　北京　　　　　　　　　孔子学院总部/国家汉办　　编制

一、听 力

第 一 部 分

第 1 - 10 题

例如:		✓
		✕
1.		
2.		
3.		
4.		

5.		
6.		
7.		
8.		
9.		
10.		

第 二 部 分

第 11‑20 题

例如:

A ✓　　　B　　　C

11.

A　　　B　　　C

12.

A　　　B　　　C

13.

A　　　B　　　C

14.	A	B	C
15.	A	B	C
16.	A	B	C
17.	A	B	C
18.	A	B	C

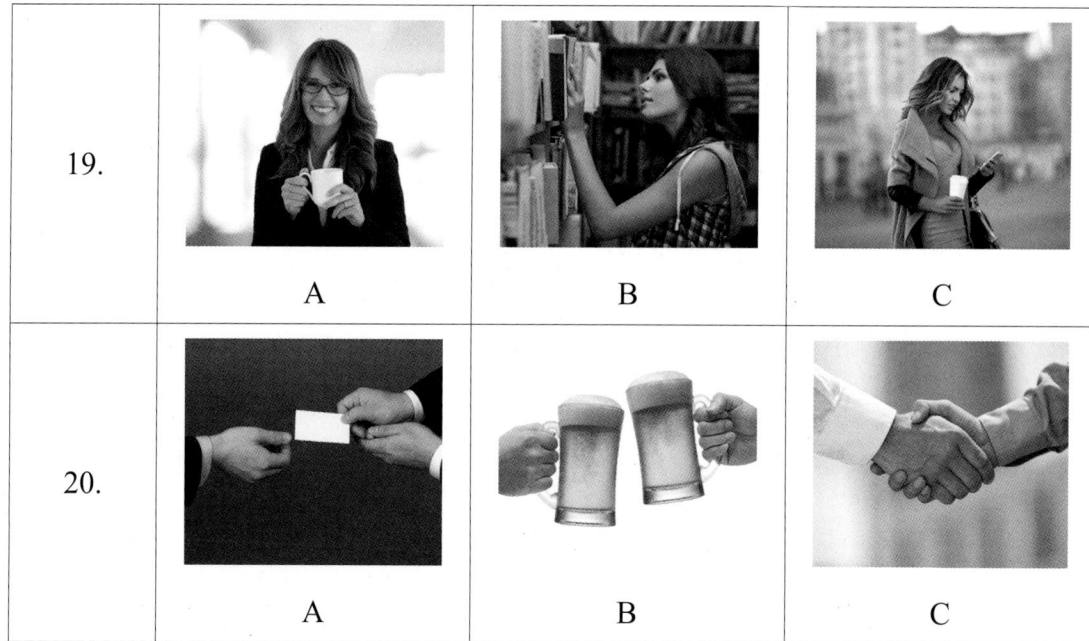

19.	A	B	C
20.	A	B	C

第 三 部 分

例如：　　女：明天下午我们一起去工厂，好吗？

男：好的，两点从办公室出发。

问：他们从哪儿出发？

A 学校　　　　　　　B 工厂　　　　　　C 办公室 ✓

21.　A 会议时间　　　　B 会议地点　　　　C 会议日期

22.　A 他们刚认识　　　B 黄先生不在　　　C 他们是同学

23.　A 下午　　　　　　B 明天　　　　　　C 下星期

24.　A 汽车数量少　　　B 展览面积少　　　C 参观的人很多

25.　A 出差了　　　　　B 搬家了　　　　　C 生病了

26.　A 生意一般　　　　B 是广告公司　　　C 做了很多宣传

27.　A 导游　　　　　　B 秘书　　　　　　C 设计师

28.　A 生产部　　　　　B 销售部　　　　　C 广告部

29.　A 咖啡　　　　　　B 红茶　　　　　　C 果汁

30.　A 办手续　　　　　B 订机票　　　　　C 上网购物

二、阅 读

第 一 部 分

第 31 - 35 题

A 欢迎	B 干杯	C 迟到
D 没关系	E 马上	F 怎么样

例如: 男: 谢谢您的帮助。

女: (D)。

31. 男: 最近你怎么经常(　　)?
    女: 因为每天晚上加班，早上总是起不来。

32. 女: 晚上下班后我们一起吃饭(　　　)?
    男: 很抱歉，晚上我要陪个客户。

33. 男: 小刘，你能来一趟我的办公室吗?
    女: 好的，我(　　)过去。

34. 女: (　　)光临！请问，你们一共有几位?
    男: 一共九个人。

35. (　　)，祝你们事业有成！

第 36 - 40 题

A 13903520817   B 毕业学校   C 公司地址
D 1987年9月   E 姓名   F 工作经验

例如：_____E_____：张晓天

36.   出生年月：_____

37.   _____：山东大学

38.   _____：山西第三小学教师(四年)

39.   电话号码：_____

40.   _____：新建南路3号

第 二 部 分

第 41 - 60 题

例如：

★ 这是什么地方？

A 机场　　　　　　B 会议室　　　　　　C 洗手间 ✓

41.

杭州国际科技有限公司

销售经理　李青

地址：　杭州市江干区65号

邮箱：　hangzhou11@qq.com

★ 通过这张名片，我们可以了解：

A 手机号码　　　　　　B 上班时间　　　　　　C 经理姓名

42.

★ 这种标志说明：

A 不能停车　　　　　　B 安全开车　　　　　　C 原路返回

43.

香港三日游
价格： 1980元／1人
出发时间： 每周一、三、五出发
出发地点： 北京首都国际机场

★ 关于旅游路线，正确的是：

A 乘坐飞机　　　　　　B 周末出发　　　　　　C 香港旅游5天

44.

男士西装专卖店
活动期间： 5.6~5.15(10天)
地址： 北京东城区东单北大街15号
服务热线： 010-65993045

★ 如果买800元的西装，应该付：

A 300元　　　　　　B 400元　　　　　　C 600元

45.

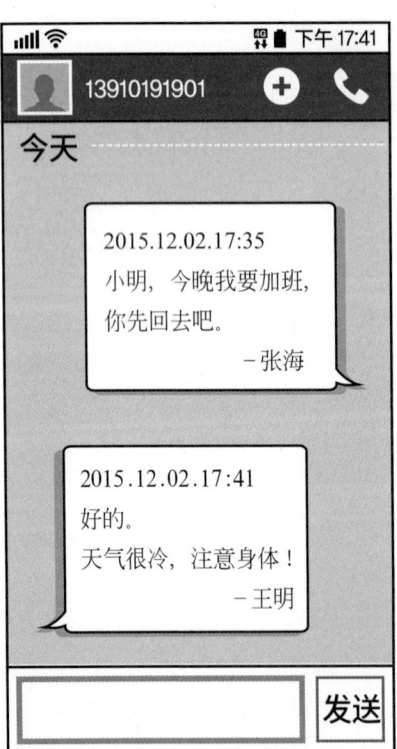

★ 这是一个：
A 天气预报
B 公司介绍
C 手机短信

46.

停电通知

因供电设备安装，我公司于3月30日 14:00~17:00停电。

物业

2015年3月10日

★ 哪个时间段停电？

A 29日下午　　　　　B 30日上午　　　　　C 30日下午

47.

中华人民共和国护照

护照号码 G25634788

姓　　　名: 李明(LI MING)

性　　　别: 女

出生年月: 1987年10月27日

★ 关于李明，下列哪项不正确？

A 是中国人　　　　　B 10月出生　　　　　C 是国际导游

48.

上海儿童公园门票		
季节	成人	儿童
春、冬	20元	10元
夏、秋	30元	15元

★ 7月15日买一张儿童票要付多少钱？

A 10元　　　　　B 15元　　　　　C 30元

49-50.

未来3天天气预报		
日期	天气	气温
8月17日	多云	18-27℃
8月18日	晴	20-31℃
8月19日	小雨	17-24℃

★ 哪天出门前要带伞？

A 8月17日　　　　　　B 8月18日　　　　　　C 8月19日

★ 哪天的白天最热？

A 8月17日　　　　　　B 8月18日　　　　　　C 8月19日

51-52.

优惠大酬宾

平安电器优惠酬宾，凡在1月1日到15日期间，购买电脑满3000元的顾客，可以免费获得150元的电脑包一个。敬请光临！

★ 哪天有优惠活动？

A 1月9日　　　　　　B 3月1日　　　　　　C 12月31日

★ 如果你买了一台价值4500元的电脑，可以获得：

A 电脑桌　　　　　　B 电脑包　　　　　　C 传真机

53-54.

日期	人数	收入	上座率
11	171	16580	0.722189
12	405	39420	1.318854
13	369	34610	1.229653
14	117	13250	0.571104
15	96	9050	0.498337
16	126	14790	0.583408
17	230	22680	0.844761
18	214	20570	0.813578
19	388	35880	1.286094
20	371	34940	1.235772

电影院收入表

★ 上座率最低的日期是：

A 12号　　　　　B 15号　　　　　C 20号

★ 哪一天的收入高于13号？

A 11号　　　　　B 14号　　　　　C 19号

55-57.

2015年公司年会

- 10:00　开场热舞
- 10:30　欢迎词(公司总经理)
- 11:00　歌曲比赛

　　　　《月亮代表我的心》(生产部)

　　　　《快乐回家》(销售部)

　　　　《真心英雄》(广告部)
- 12:00　午餐
- 14:00　未来十年公司发展规划(公司副经理)
- 15:00　交流会
- 17:00　年会结束

★ 年会欢迎词由谁来负责?

A 秘书　　　　　　　　B 总经理　　　　　　　　C 生产部长

★ 参加歌曲比赛的人可能是:

A 销售部的王山　　　　B 人事部的徐超　　　　C 宣传部的胡霖

★ 哪个活动时间最长?

A 开场热舞　　　　　　B 歌曲比赛　　　　　　C 交流会

58-60.

楼房出租

- 光明小区5号楼2单元305(无电梯)
- 5000元／月(半年付一次)
- 三个房间、一个客厅、两个洗手间
- 有空调、电视、冰箱、洗衣机、电话
- 双人床、大衣柜、小衣柜、电脑桌、书架
- 内装宽带网线

★ 这座楼房:

A 没有电梯　　　　　　B 没有停车场　　　　　　C 附近有水果店

★ 每6个月需要花费多少钱?

A 5000元　　　　　　B 30000元　　　　　　C 72000元

★ 关于这套房子，以下哪项正确?

A 有电脑　　　　　　B 不能上网　　　　　　C 有三个房间

三、书 写

第 61 – 70题

例如:
                                    bì
    我2011年大学(毕   )业，已经工作三年多了。

                                      má
61． 对不起，给您添(   )烦了。

                             mǎn
62． 公司领导(   )意员工的工作表现。

                                    zhé
63． 今天书店有打(   )活动，我们去买了三本书。

                              wèi
64． 大家都说你是单(   )里最好的员工。

                                        shū
65． 不知道为什么今天身体一直不(   )服。

                                shǒuxù
66． 请问，在哪儿办理通关(   )?

                    shāngliang
67． 他们在(   )参加汽车展览会的事。

                    fāshāo
68． 我今天开始(   )，希望请假一天。

                  jièshào
69． 我来(   )一下，这位是新来的员工赵丽。

                                  dìtiě
70． 外面下大雪，你今天坐(   )去吧。

MEMO

新 **BCT**

실전 모의고사

A형

제3회

孔子学院总部 / 国家汉办
Confucius Institute Headquarters(Hanban)

商务汉语考试
新BCT(A)样卷 3

注　意

一、BCT（A）分三部分：

    1. 听力（30题，约20分钟）

    2. 阅读（30题，30分钟）

    3. 书写（10题，10分钟）

二、听力结束后，有5分钟填写答题卡。

三、全部考试约70分钟(含考生填写个人信息时间5分钟)。

中国　　北京　　　　　　　孔子学院总部/国家汉办　　编制

一、听 力

第 一 部 分

第 1 - 10 题

例如:		✓
		✕
1.		
2.		
3.		
4.		

5.		
6.		
7.		
8.		
9.		
10.		

第 二 部 分

第 11 - 20 题

例如:
A ✓
B
C
11.
A
B
C
12.
A
B
C
13.
A |
B |
C |

14.			
	A	B	C
15.			
	A	B	C
16.			
	A	B	C
17.			
	A	B	C
18.			
	A	B	C

19.			
	A	B	C
20.			
	A	B	C

第 三 部 分

第 21－30题

例如: 女: 明天下午我们一起去工厂，好吗？

男: 好的，两点从办公室出发。

问: 他们从哪儿出发？

A 学校　　　　　　B 工厂　　　　　　C 办公室 ✓

21. A 5点　　　　　　B 6点　　　　　　C 7点

22. A 上网　　　　　　B 发短信　　　　　　C 玩游戏

23. A 银行　　　　　　B 机场　　　　　　C 医院

24. A 订餐　　　　　　B 见同事　　　　　　C 参加活动

25. A 她会带伞的　　　　B 今天不上班　　　　C 她开车上班

26. A 坏了　　　　　　B 不见了　　　　　　C 借出去了

27. A 老板　　　　　　B 医生　　　　　　C 秘书

28. A 邮局　　　　　　B 超市　　　　　　C 银行

29. A 20元　　　　　　B 180元　　　　　　C 200元

30. A 价格　　　　　　B 服务　　　　　　C 服务

二、阅 读

第 一 部 分

第 31 - 35 题

A 方便　　　　　　B 抱歉　　　　　　C 贵

D 不客气　　　　　E 联系　　　　　　F 出差

例如：　　男：谢谢您的帮助。

女：（ D ）。

31.　　男：您要的那款电脑，我们已经卖完了。

女：再进货的话，请马上(　　)我。

32.　　女：发票上的公司名称写错了，请重新开。

男：非常(　　)，我马上给您开。

33.　　男：我们已经收到了(　　)公司发的邀请信，谢谢！

女：不用谢！

34.　　女：请问，小林在吗？我有事找他。

男：对不起，他去广州(　　)了。

35.　　总经理现在不(　　)接电话，他在开会。

第 36 - 40 题

A 健康状况   B 年龄   C 北京市朝阳区
D 2009年7月   E 姓名   F 联系电话

例如: E   : 张晓天

36.   : 28

37. 毕业时间: _____

38.   : 良好

39.   : 18601379932

40. 家庭住址: _____

第 二 部 分

第 41－60题

例如：

★ 这是什么地方？

A 机场　　　　　　　　B 会议室　　　　　　　　C 洗手间 ✓

41.

您对本店的饭菜满意吗？
○非常满意　○满意　○一般　○不太满意　○非常不满意

★ 这是一个：

A 产品介绍　　　　　　B 工作报告　　　　　　C 客户调查

42.

好运计算机服务中心

王 大 山

联系电话：18600659931
传真：010-62698951
公司地址：北京市中关村大街26号

★ 下列哪项与这个公司的产品有关？

A 电脑　　　　　　　　B 手机　　　　　　　　C 传真机

43.

★ 如果你看到这种标志时，应该：

A 提前换车　　　　　　B 选择其他的路　　　　C 不能使用手机

44.

办公楼出租
2号线、4号线地铁附近
总面积1800平方米
价格面谈

★ 关于办公楼，可以知道什么？

A 不能上网　　　　　　B 没有电梯　　　　　　C 交通方便

45.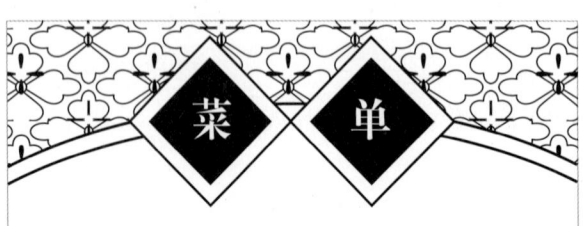

红烧牛肉 45元　　　　鱼香肉丝 25元

麻婆豆腐 20元　　　　四川泡菜 12元

※ 满50元减5元

★ 如果吃了一份红烧牛肉和麻婆豆腐，应该付多少钱？

A 45元　　　　　　　　B 60元　　　　　　　　C 65元

46.

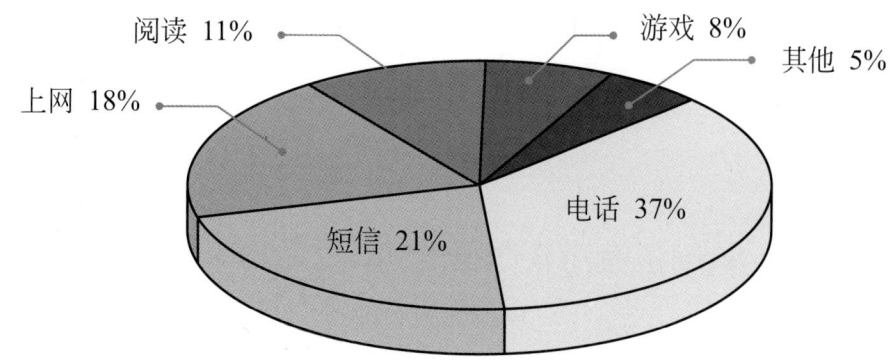

青少年的手机使用情况

阅读 11%　游戏 8%　其他 5%
上网 18%
短信 21%　电话 37%

★ 哪个用户可能参加了这次调查?

A 16岁的李喜　　　　B 23岁的王勇　　　　C 38岁的张力

46.

728路公共汽车路线
开往天安门

永安里　日坛路　北京站　东单　王府井　天安门

★ 如果在北京站上了车, 下一站是:

A 东单　　　　B 日坛路　　　　C 天安门

48.

上海欢喜游乐园门票		
周一到周五	白天 50元
	晚上 25元
周末	白天 60元
	晚上 30元

★ 星期日上午的门票是:

A 25元　　　　B 50元　　　　C 60元

49.

通　知
原定于5月13日星期三下午3点举行的全体会议，现改到5月15日星期五上午10点。会议地点不变。 　　　　　　　　　　　　　　　　　　　　　　　　　　　办公室 　　　　　　　　　　　　　　　　　　　　　　　　　　　5月11日

★ 公司全体会议什么时候开？

A 5月11日　　　　　　　　B 5月13日　　　　　　　　C 5月15日

50.

留　言
给王东 日　　期：2015年11月10日 时　　间：14点20分 留 言 者：杨红 电话号码：13910333131 内　　容：晚上八点以前给她回电话。

★ 杨红留言是为了让王东：

A 修电话　　　　　　　　B 回电话　　　　　　　　C 商量事情

51-52.

公司人员情况(总计46人)		
性别	男	28
	女	18
年龄	四十岁以上	7
	四十岁以下	39

★ 关于公司人员，可知：

A 女员工更多　　　　　　B 女士为31人　　　　　　C 男士少于30人

★ 关于员工年龄，可知：

A 平均年龄40岁　　　　　B 女士平均年龄大　　　　C 大部分在40岁以下

53-54.

天马商店	
一楼: 学习用品	二楼: 办公用品
三楼: 运动用品	四楼: 家电

★ 如果你想买一台空调，应该去:

A 二楼　　　　　　　B 三楼　　　　　　　C 四楼

★ 你在这家商店可能买不到:

A 西装　　　　　　　B 跑步机　　　　　　C 文件夹

55-57.

招聘

　　本酒店现招聘前台工作人员2名，女性，年龄25~30岁，要求英语比较流利，解决问题能力很强。

● 上班时间: 周一至周六09:00~19:00(周日休息)
● 工　　资: 5000元／月
● 联系电话: 18662259783(孙经理)

★ 公司需要招:

A 经理　　　　　　　B 英语老师　　　　　　C 前台工作人员

★ 以下哪项不是招聘要求?

A 爱好　　　　　　　B 外语　　　　　　　C 解决问题能力

★ 根据上文，以下哪项正确?

A 星期六不上班　　　B 招两名工作人员　　　C 一天工作9小时

58-60.

经理工作安排			
日期	时间	内容	地点
星期一 10月13日	上午	全体会议	公司会议室（A）
	下午	员工培训	公司会议室（B）
星期二 10月14日	上午	见客户	接待室
星期三 10月15日	下午	参观工厂	工厂
星期四 10月16日	下午	销售工作总结	公司会议室（B）
星期五 10月17日	上午	签合同	办公室
	下午	放假	

★ 10月13日上午经理计划做什么？

A 去工厂　　　　　　　B 参加会议　　　　　　　C 工作报告

★ 如果你想和经理谈工作，最好选择:

A 星期一上午　　　　　B 星期四下午　　　　　　C 星期五下午

★ 经理哪一天的工作时间最长？

A 星期一　　　　　　　B 星期三　　　　　　　　C 星期四

三、书 写

第 61 - 70 题

例如:

我2011年大学(毕 bì)业，已经工作三年多了。

61. 天气很冷，出门时注意安(quán)。

62. 小姐，这是找给您的(qián)。

63. 我能看看贵公司的(shāng)品目录吗？

64. 上下班时间电(tī)里人比较多。

65. 我去年来过美国，今年是第二(cì)了。

66. 请在这儿写您的(hùzhào)号码。

67. 公司(fùjìn)有没有邮局？我想把这份文件寄出去。

68. 那家餐厅今天不(yíngyè)，我们明天再去吧。

69. 我最近忙于写工作报告，打算这个周末(wánchéng)。

70. 明年是公司成立十周年，公司打算(yāoqǐng)各界人士。

新 BCT 실전 모의고사

A형

모법답안 및 해설

BCT(A) 모의고사 1회 정답

一、听力

第一部分

1. ✓	2. ✓	3. ×	4. ×	5. ×
6. ×	7. ✓	8. ✓	9. ×	10. ✓

第二部分

11. B	12. A	13. B	14. C	15. A
16. B	17. C	18. C	19. A	20. C

第三部分

21. B	22. B	23. A	24. B	25. C
26. A	27. A	28. C	29. C	30. C

二、阅读

第一部分

31. C	32. F	33. A	34. B	35. E
36. C	37. A	38. F	39. D	40. B

第二部分

41. C	42. A	43. A	44. B	45. B
46. A	47. C	48. B	49. B	50. A
51. C	52. B	53. B	54. C	55. C
56. B	57. A	58. C	59. C	60. A

三、书写

61. 票	62. 迟	63. 右	64. 售	65. 晴
66. 免费	67. 产品	68. 方向	69. 颜色	70. 银行

一、听 力

듣기 제1부분

1

 裤子

해석 바지
정답 ✓
해설 裤子는 바지이다.

2

 下雨

해석 비가 내리다
정답 ✓
해설 下雨는 비가 온다는 뜻이다.

3

 电子邮件

해석 이메일
정답 ✕
해설 电子邮件은 이 메일을 의미한다.

4

 吸烟

해석 흡연하다
정답 ✕
해설 吸烟은 흡연하다, 담배를 피우다라는 뜻이다.

5

 愉快

해석 즐겁다
정답 ✕
해설 愉快는 기쁘다, 즐겁다, 유쾌하다라는 뜻이다.

6

 旅游

해석 여행
정답 ✕
해설 旅游는 여행하다, 여행가다라는 뜻이다.

7

感冒

해석 감기

정답 ✓

해설 感冒는 감기에 걸리다라는 뜻이다.

8

人民币

해석 인민폐

정답 ✓

해설 人民币는 위안화 혹은 인민폐라는 뜻으로 중국 화폐의 명칭이다.

9

跑步

해석 달리기를 하다

정답 ×

해설 跑步는 조깅하다, 달리기 하다라는 뜻이다.

10

刷卡

해석 카드결제를 하다

정답 ✓

해설 刷卡는 카드를 사용하다, 카드를 단말기에 대다 혹은 긁다라는 뜻이다.

듣기 제2부분 11-20

11

他们正在看地图.

해석 그들은 지도를 보는 중입니다.

정답 B

해설 看地图라는 말을 통해 지도를 보고 있음을 알 수 있다.

12

他今天穿着一套西装.

해석 그는 오늘 양복을 차려 입었습니다.

정답 A

해설 西装은 양복이라는 뜻으로 정답은 A임을 알 수 있다.

13

我们经理头发比较短.

해석 우리 지배인님은 머리가 짧습니다.

정답 B

해설 头发比较短을 통해 머리 길이가 조금 짧음을 알 수 있다.

14

她的电脑坏了, 她打算再买一台.

해석 그녀의 컴퓨터가 고장나서 다시 새로 한 대 살 예정입니다.

정답 C

해설 电脑坏了는 컴퓨터가 고장이 나다라는 뜻이고, 再买一台는 다시 한 대 더 사려고 한다는 뜻으로 정답은 C이다.

15

我不能喝酒，还是喝茶吧.

해석 저는 술을 마실 수 없으니 차를 마시도록 하겠습니다.

정답 A

해설 不能喝酒는 술을 못 마신다라는 뜻이며, 还是喝茶는 술 대신 차를 마신다는 뜻으로 정답은 A이다.

16

这几天书店有活动，她去买了很多书.

해석 요며칠 서점이 행사를 해서 그녀는 많은 책을 샀습니다.

정답 B

해설 有活动은 이벤트를 한다라는 뜻이며 买了很多书 책을 많이 샀다는 것을 통해 정답이 B임을 알 수 있다.

17

今天是星期日，爸爸在家休息.

해석 오늘은 일요일입니다. 아버지는 집에서 쉬십니다.

정답 C

해설 星期日은 일요일로 在家休息는 집에서 쉰다는 뜻이다. 그러므로 답은 C이다.

18

姐姐经常上网了解各种信息.

해석 누나는 자주 인터넷으로 다양한 정보를 이해합니다.

정답 C

해설 上网은 인터넷 하다라는 뜻으로 이를 통해 了解各种信息 각종정보를 이해한다라는 뜻이다.

19

他是设计师，每天工作都很忙.

해석 그는 디자이너입니다. 매일 업무로 바쁩니다.

정답 A

해설 设计师는 설계사 혹은 디자이너라는 뜻이며, 很忙은 매우 바쁘다는 뜻으로 정답은 A이다.

20

为了锻炼身体，她骑自行车上下班.

해석 몸을 단련하기 위해 그녀는 자전거를 타고 출퇴근을 합니다.

정답 C

해설 为了锻炼身体는 건강하기 위해라는 뜻이고 骑自行车는 자전거를 타다라는 뜻이다. 건강을 위해 자전거를 타고 출퇴근 한다는 뜻으로 정답은 C이다.

듣기 제3부분   21-30

21

男: 他是新来的员工吗?
女: 是的，旁边穿西装的也是.

问: 新来的员工是几个?

남: 저 사람이 이번에 새로 온 직원입니까?
여: 네, 그 옆에 양복을 입고 있는 사람도요.

문제: 새로 온 직원은 몇 명입니까?

정답 B

해설 新来的员工은 신입사원이라는 뜻이며 旁边穿西装的

也是는 옆에 양복입은 사람도 그렇다는 뜻으로 신입사원은 모두 2명으로 답은 B이다.

22

女: 小刘，你不是去邮局了吗? 怎么又回来了?
男: 咳，我在去邮局的车上才发现钱包忘带了.

问: 小刘回来拿什么?

여: 샤오리우, 너 우체국 간 거 아니었어? 왜 돌아왔니?
남: 나원 참, 우체국 가는 차에서 지갑을 안 갖고 온게 생각이 났지 뭐야.

문제: 샤오리우는 돌아와서 무엇을 가져갔습니까?

정답 B

해설 钱包忘带了 는 지갑을 가져가지 않았다라는 뜻으로 정답은 B이다.

23

男: 你是怎么看到我们公司的招聘信息的？
女: 我在网上看到。

问: 女的从哪儿看到的招聘信息？

남: 당신은 어떻게 우리 회사의 채용 정보를 얻게 됐습니까?
여: 인터넷에서 보았습니다.

문제: 여자는 어디에서 채용 정보를 보았습니까?

정답 A

해설 在网上看到 는 인터넷에서 보았다라는 뜻으로 정답은 A이다.

24

女: 销售调查做得怎么样了？
男: 调查表已经发出去了，可是收回来的才一半。

问: 销售调查表最可能收回了多少？

여: 판매 조사는 어떻게 되어가고 있습니까?
남: 조사표를 이미 발송했는데, 절반만 회수했습니다.

문제: 조사표는 얼마나 회수했습니까?

정답 B

해설 收回来的才一半 를 통해 절반만 회수했음을 알 수 있다. 정답은 B이다.

25

男: 你好，我想预订一个标准间，15号下午入住。
女: 好的，请问您要住几天？

问: 女的最可能在哪里工作？

남: 안녕하세요. 스탠다드룸을 예약하고 싶은데요.
15일 오후에 체크인할 예정입니다.
여: 알겠습니다. 며칠 정도 머무르실건가요?

문제: 여자는 어디에서 일을 합니까?

정답 C

해설 预定一个标准间 은 호텔 예약 시 사용하는 말로 여자는 호텔에서 일하고 있음을 알 수 있다.

26

女: 哟，这不是老张吗？今天怎么不开车啊？
男: 我的车昨天刚送去修理了。

问: 男的为什么没开车？

여: 어, 라오장 아닙니까? 오늘은 왜 차를 안 갖고 오셨나요?
남: 어제 제 차를 수리 맡겼습니다.

문제: 남자는 왜 차를 운전하지 않았습니까?

정답 A

해설 送去修理 를 통해 지금 자동차가 고장이 났음을 알 수 있다.

27

男: 小林，你怎么了？身体不舒服吗？
女: 好像感冒了，已经吃了药，可是效果一般。

问: 关于小林，下列哪项正确？

남: 샤오린, 무슨 일이니? 몸이 불편하니?
여: 감기에 걸린 것 같아. 약을 먹었는데 효과가 별로네.

문제: 샤오린에 관한 설명 중 맞는 것은 무엇입니까?

정답 A

해설 好像感冒了 는 감기에 걸린 듯하다라는 말로 이를 통해 정답은 A임을 알 수 있다.

28

女: 这个周末，公司里几个员工一起去爬山。
男: 山上很冷，多穿点儿衣服，别忘了带些水和巧克力。

问: 男的认为需要带什么？

여: 이번 주말 회사 내 직원 몇 명과 등산가기로 했어.
남: 산에 올라가면 추우니까 옷을 따뜻하게 입어.
물이랑 초콜릿 가져가는 것 잊지말고.

문제: 남자는 무엇을 가져가야 한다고 생각합니까?

정답 C

해설 别忘了带些水和巧克力 를 통해 물과 초콜릿을 가져오라는 뜻임을 알 수 있다. 그러므로 정답은 C이다.

29

男: 请问，在哪儿办理出国手续?
女: 3号楼302房间，请您到那儿办理就行。

问: 男的应该去哪儿办出国手续?

남: 실례합니다. 출국 수속은 어디서 밟아야 하나요?
여: 3동 302호입니다. 거기서 수속하시면 됩니다.

문제: 남자는 어디에서 출국 수속을 해야 합니까?

- -

정답 C

해설 3号楼302房间은 3동 302호라는 뜻으로 302호에 가서 출국수속을 밟으면 되므로, 정답은 C이다.

30

女: 小王，星期五去上海的机票订好了吗?
男: 抱歉，现在旅游的人特别多，只能订到星期日的了。

问: 男的订了什么时候的机票?

여: 샤오왕, 금요일에 상하이로 가는 항공티켓 예약했어?
남: 죄송합니다. 현재 여행하는 사람이 너무 많아서, 일요일걸로 끊을 수 밖에 없었어요.

문제: 남자는 어느 날짜 티켓을 끊었습니까?

- -

정답 C

해설 只能订到星期日的了는 일요일에 상하이로 가는 표를 예약할 수 밖에 없다는 의미이므로 정답은 C이다.

二、阅 读

독해 제1부분

31-35

A 명함	B 협력	C 잠시 기다려주세요
D 천만에요	E 기입하다	F 알리다, 통지하다

예 남: 도와주셔서 감사합니다.
여: (D 천만에요)

31.

남: 죄송하지만, 상하이 국제호텔 전화번호 좀 찾아주세요.
여: 알겠습니다. (C 잠시 기다려주세요).

정답 C

해설 남자의 麻烦您, 请帮我查一下라는 말을 통해 부탁을 하는 것을 알 수 있으므로 请稍等이 적합하다.

32.

여: 회사 전체 직원회의가 오후에 있다고 (F 통지 되어 있어)
남: 회의가 오후 몇 시인데?

정답 F

해설 회사가 직원 전체 회의를 열 것을 통지한다는 뜻이므로 정답은 通知이다.

33.

남: 이건 제 (A 명함)입니다. 거기 제 연락처가 있습니다.
여: 감사합니다.

정답 A

해설 上面有我的联系方式이라는 말을 통해 남자가 건넨 것은 명함임을 알 수 있다.

34.

여: 우리 (B 협력)이 즐겁게 진행되었으면 좋겠습니다.
남: 건배!

정답 B

해설 希望+…는 …할 수 있기를 희망한다는 뜻으로 가장 적합한 단어는 협력한다는 의미인 合作이다.

35.

여기에 이름과 전화번호를 (E 기입)해 주세요.

정답 E

해설 성명과 전화번호를 표에 작성한다는 의미의 동사는 填이다.

36-40

A 남자	B zxt88@sohu.com	C 35
D 휴대전화	E 이름	F 생산팀 주임

예 E: 장샤오티앤

36.

나이: _____

정답 C

해설 年龄은 연령을 의미하므로 정답은 C이다.

37.

성별: _____

정답 A

해설 性别은 성별을 의미하므로 정답은 A이다.

38.

직책: _____

정답 F

해설 职称은 직함을 의미하므로 정답은 F이다.

39.

_____ : 18655891135

정답 D

해설 18655891135는 휴대전화 번호로 정답은 D이다.

40.

이메일: _____

정답 B

해설 电子邮件는 이메일 주소를 의미하므로 정답은 B이다.

독해 제2부분

41-60

41

★ 이 표지판을 통해 알 수 있는 것은 무엇입니까?

A 위험하다　　　　　　　B 주차금지
C 사진 촬영금지

정답 C

해설 표지판의 의미하는 내용은 휴대전화 사용 금지이므로 답은 C이다.

42

화남 차수리 센터

리우씽 총지배인

주소: 베이징시 차오양루 111번지
연락처: 18600651737

★ 리우씽은 어디에서 일을 합니까?

A 차수리 센터　　　B 베이징 호텔　　　C 택시 회사

정답 A

해설 명함의 좌측 상단에 있는 华南修车中心을 통해 자동차 정비·수리 센터에서 일한다는 것을 알 수 있다.

43

초 빙
업무 발전의 필요로 인하여 본 회사는 영업직원 2명을 모집합니다.
요구사항: 나이 20~35세, 진취 정신, 맨주먹 정신, 관련 업종 경험자 우대
담당자: 왕메이(18600529988)

★ 회사는 누구를 초빙하려 합니까?

A 영업직원　　　　　B 판매원　　　　　C 지배인

정답 A

해설 营业员을 통해 영업사원을 모집함을 알 수 있다.

44

샤오리우, 다음 주 월요일 전람회에 참가 관계로 상하이에 갔다와야돼서, 다음 주 목요일에 구매계약서를 쓰고 싶습니다. 메모 보시면 답변 부탁드립니다.
감사합니다.

장용
2015-12-11

★ 윗 메모에 따르면 아래 설명 중 맞는 것은 무엇입니까?

A 두 사람이 전화를 하고 있다
B 장용은 출장을 가야 한다
C 샤오리우는 회사 지배인이다

정답 B

해설 去上海参加展览会를 통해 상하이로 출장을 감을 알 수 있다.

45

○○회사 식당 점심 메뉴	
에피타이저	쓰촨 무침요리
메인 요리	감자 가지 조림
주식	찐빵
음료	쥬스

★ 식당에서 점심 때 몇 종류의 음식이 제공됩니까?

A 2종류   B 4종류   C 8종류

정답 B

해설 표의 좌측은 제공되는 메뉴의 종류를 의미하며 각 제공되는 메뉴의 이름은 우측에 명시되어 있다. 그러므로 제공되는 전체 메뉴의 수는 4가지이다.

46

콰이러 서점 영업 시간
월요일~금요일 10:00~22:00
주말 10:30~21:30

★ 만약 당신이 사전을 한 권 사려면 어느 시간 대를 선택해야 합니까?

A 목요일 16시   B 토요일 10시
C 일요일 22시

정답 A

해설 주중에는 오전 10시에서 밤 10시까지 영업하고 주말에는 오전 10시 30분에서 오전 9시 30분까지 영업하므로 A가 정답이다.

47

행복 슈퍼 개업 10주년 기념
88위안 구입 시 18위안 할인
188위안 구입 시 38위안 할인

★ 만약 당신이 200위안짜리 건강 식품을 구입했다면 얼마를 지불해야 합니까?

A 88위안   B 150위안   C 162위안

정답 C

해설 满188元减38元은 구매 금액이 188위안 이상을 채우면 38위안을 할인해 준다는 의미로 200위안에서 38위안을 빼면 162위안이다.

48

항공기	출발지	도착지	출발시간	도착시간	소요시간
MU5796	충칭	상하이	08:20	10:50	2시간 30분

★ 비행기는 몇시에 상하이에 도착합니까?

A 08:20   B 10:50   C 13:20

정답 B

해설 到达时间은 도착 시간으로 표를 통해 도착시간은 10시 50분임을 알 수 있다.

49-50

장동의 2015년 1월 13일 지출(위안)	
택시로 귀가	28위안
식비	42위안
잡지 구입	15위안

★ 1월 13일에 어느 지출이 가장 많았습니까?

A 교통비   B 식비   C 잡지구입

정답 B

해설 지출항목 표를 통해 지출 금액이 가장 많은 항목은 饭费로 정답은 B이다.

★ 1월 13일에 장동은 무엇을 하였습니까?

A 잡지구입   B 음식을 먹지 않음
C 자전거로 귀가

정답 A

해설 지출 항목 표를 통해 张东이 13일 하루 동안 한 일은 택시타기, 식사, 잡지 구매임을 알 수 있다. 그러므로 정답은 A이다.

51-52

P 주차요금 기준
소형차 : 3위안/시간 , 1일 30위안 (5미터 이하)
중형차 : 4위안/시간 , 1일 35위안 (5~9미터)
대형차 : 5위안/시간 , 1일 45위안 (9미터 이상)

★ 넓이 8미터인 차의 2시간 주차비는 얼마입니까?

A 4위안   B 6위안   C 8위안

정답 C

해설 공용주차장 안내문을 통해 8미터 이상의 차가 2시간 주차를 하면 8위안을 지급해야 함을 알 수 있다.

★ 소형차 한 대의 24시간(1일) 주차비는 얼마입니까?

A 3위안   B 30위안   C 72위안

정답 B

해설 소형차가 24시간 동안 주차를 하려면 全天30元이라는 항목을 통해 30위안을 지불해야 함을 알 수 있다.

53-54

장지배인의 일정표			
시간	수요일	목요일	금요일
오전	회의참석	계약서 작성	휴가
오후	가격협상	상품 체크	기차역에 가기

★ 수요일 오후 장 매니저는 무엇을 할 계획입니까?

A 영업   B 가격협상   C 계약수정

정답 B

해설 상기된 일정표를 통해 수요일 오후에는 谈价格라는 일정이 잡혀있다. 즉, 가격협상을 의미하는 B가 정답 이다.

★ 만약 장 매니저가 고객과 만나고 싶다면 시간을 언제로 안배 하는 것이 가장 좋습니까?

A 수요일 오후   B 목요일 오전
C 금요일 오전

정답 C

해설 고객과 만나기 위해서는 일정이 없는 시간을 잡아야 하므로 星期五 放假 부분을 통해 금요일 오전이 가장 좋음을 알 수 있다.

55-57

초대장
왕 여사님:
안녕하세요! 저희 매장이 다음 달 15일 오전 9 시에 정식 오픈합니다. 당일 오전 11시 매장 3층에서 패션쇼를 거행하고, 오후 2시에 광밍호텔에서 연회가 있사오니 부디 참석해 주시길 바랍니다.
화리 패션점
2015년 1월 28일

★ 본 매장은 언제 영업을 시작합니까?

A 1월 15일   B 1월 28일   C 2월 15일

정답 C

해설 定于下月十五日上午九时正式开业를 통해 정답은 2월 15일임을 알 수 있다.

★ 초대서에 따르면 곧 개업하는 곳은 어디입니까?

A 광밍호텔   B 화리 옷가게
C 왕 여사의 매장

정답 B

해설 花丽服装店을 통해 개업하는 상점 이름을 알 수 있다.

★ 초대장을 통해 알 수 있는 것은 무엇입니까?

A 오후에 연회가 있다
B 매장 내에서 사진 촬영금지
C 주차 공간이 매우 많다

정답 A

해설 十四点在光明饭店举行宴会를 통해 개업 당일 오후에 개업 파티가 있음을 알 수 있다.

58-60

중화여행사 20주년 기념 행사 일정

참가인원	전직원 및 행운 고객 300명	
행사시간	2015년 12월 26일	
행사장소	이화원, 신중호텔	
행사안배	09:00~11:30	2015년 업무 총괄(이화원)
	11:30~14:00	뷔페(신중호텔)
	14:00~17:30	2015년 신 여행상품 소개(이화원)
	17:30~22:00	연회석(신중호텔)
담당자	홍보부(후린, 장청)	
연락처	010-65589335	

★ 중화여행사는 설립한 지 얼마나 되었습니까?

A 1년　　　　　B 10년　　　　　C 20년

정답 C
해설 제목에 있는 中华旅行社二十周年庆祝活动安排를 통해 개업 20주년임을 알 수 있다.

★ 누가 이번 행사에 참가합니까?

A 모든 고객　　　　　B 이화원 여행객
C 중화여행사 직원

정답 C
해설 公司全体员工及300名幸运客户부분을 통해 참석 가능한 사람에 여행사 직원이 포함 됨을 알 수 있다.

★ 다음 중 어느 행사가 신중호텔에서 거행됩니까?

A 연회　　　　B 업무보고　　　　C 여행 상품소개

정답 A
해설 宴会(新中饭店)를 통해 新中饭店에서는 파티가 진행됨을 알 수 있다.

三、书写

쓰기 제1부분

61.

안녕하세요. 저는 (영수증)을 끊고 싶습니다.

정답 票
해설 开发票는 영수증을 발급하다라는 뜻이다.

62.

샤오린, 너 요즘 왜 이리 자주 (지각)을 하니?

정답 迟
해설 迟到는 지각하다, 늦다라는 뜻이다.

63.

받는 사람의 이름은 (오른쪽)에 써 주세요.

정답 右
해설 右边은 오른쪽이라는 뜻이다.

64.

그는 지난 주 이미 생산부에서 (판매부)로 인사 이동 했습니다.

정답 售
해설 销售部는 판매부라는 뜻이다. 销售는 상품 등을 판매하다 라는 뜻이다.

65.

오늘은 모처럼 (맑은) 날씨이니, 나가서 산책을 합시다.

정답 晴
해설 晴天은 맑은 날씨를 의미한다.

66.

안녕하세요. 저희는 당신에게 (무료)로 서비스를 제공합니다.

정답 免费
해설 免费는 무료, 공짜라는 의미로 免费提供服务는 무상으로 서비스를 제공해 준다는 의미이다.

67.

그는 회사에서 (제품) 소개 업무를 담당합니다.

정답 产品
해설 做产品介绍工作는 상품소개 · 설명 업무를 담당한다라는 의미이다.

68.

저는 한번도 여기 와 본적 없어서 어느 (방향)으로 가야할지 모르겠습니다.

정답 方向
해설 전치사 往 뒤에는 일반적으로 방향이나 방향을 나타내는 어휘가 와서 ~방향으로 라는 뜻을 나타낸다.

69.

나는 외투를 한 벌 사고 싶은데, 이번에는 (색)이 조금 짙은 것으로 사고 싶습니다.

정답 颜色
해설 색이 진하다라고 표현 할 때에는 颜色很深이라는 형식으로 표현한다.

70.

(은행)은 오후 5시면 문을 닫아. 아직 30분 남았으니까 조금 빨리 가자.

정답 银行
해설 문을 닫다, 영업을 마치다라는 의미의 关门은 상점뿐 아니라 은행, 우체국의 장소에도 사용한다.

BCT(A) 모의고사 2회 정답

一、听力

第一部分

1. ×	2. ×	3. ✓	4. ✓	5. ×
6. ✓	7. ×	8. ✓	9. ✓	10. ×

第二部分

11. A	12. B	13. C	14. B	15. A
16. A	17. C	18. B	19. C	20. A

第三部分

21. A	22. B	23. B	24. C	25. B
26. C	27. A	28. A	29. C	30. B

二、阅读

第一部分

31. C	32. F	33. E	34. A	35. B
36. D	37. B	38. F	39. A	40. C

第二部分

41. C	42. A	43. A	44. B	45. C
46. C	47. C	48. B	49. C	50. B
51. A	52. B	53. B	54. C	55. B
56. A	57. C	58. A	59. B	60. C

三、书写

61. 麻	62. 满	63. 折	64. 位	65. 舒
66. 手续	67. 商量	68. 发烧	69. 介绍	70. 地铁

2회

一、听 力

듣기 제1부분

1

低

해석 낮다
정답 ×
해설 低은 노란색이다.

2

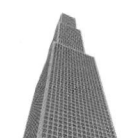
胖

해석 뚱뚱하다
정답 ×
해설 胖은 뚱뚱하다는 의미이다.

3

市场

해석 시장
정답 ✓
해설 市场은 시장이라는 뜻이다.

4

考虑

해석 고려하다
정답 ✓
해설 考虑는 고려하다, 생각하다는 뜻의 동사이다.

5

报纸

해석 신문
정답 ×
해설 报纸은 잡지가 아니라 신문이다.

6

刮风

해석 바람이 불다.
정답 ✓
해설 刮风은 바람이 불다는 의미이다.

7

坐电梯

해석 엘리베이터를 타다.

정답 ×

해설 电梯는 엘리베이터라는 뜻의 명사이다.

8

年轻

해석 젊다

정답 ✓

해설 年轻은 젊다는 의미가 있다.

9

一件衬衫

해석 셔츠 한 벌

정답 ✓

해설 衬衫은 셔츠이다.

10

登机牌

해석 탑승권

정답 ×

해설 登机牌는 비행기 탑승권이라는 의미이다.

듣기 제2부분   11-20

11

请您填一下这张表格。

해석 이 표를 작성해 주세요.

정답 A

해설 '표를 작성해 주십시오'에 해당되는 보기는 A이다.

12

看起来，她的行李箱很重。

해석 보아하니 그녀의 짐이 아주 무거워 보입니다.

정답 B

해설 '보아하니 그녀의 짐이 아주 무겁다'에 해당되는 보기는 B이다.

13

合同在文件夹里面。

해석 계약서는 서류철 안에 있습니다.

정답 C

해설 '계약서는 서류철 안에 있다'에 해당되는 보기는 C이다.

14

他坐公共汽车去公司。

해석 그는 버스를 타고 회사에 갑니다.

정답 B

해설 '그는 버스를 타고 회사에 간다'에 해당되는 보기는 B이다.

15

王红是售货员，在超市工作。

해석 왕홍은 판매원이고, 슈퍼에서 일을 합니다.

정답 A

해설 '왕홍은 판매원이고 슈퍼에서 일한다'에 해당되는 보기는 A이다.

16

会议室在这边，请您跟我来。

해석 회의실은 이쪽에 있습니다. 저를 따라 오세요.

정답 A

해설 '회의실은 이 곳에 있으니 저를 따라오십시오'에 해당되는 보기는 A이다.

17

非常抱歉，这里不能吸烟。

해석 정말 죄송합니다. 이 곳에서는 흡연을 할 수 없습니다.

정답 C

해설 '정말 죄송합니다. 여기서는 담배를 피울 수 없습니다.'에 해당되는 보기는 C이다.

18

请问，人事部的电话是多少？

해석 실례지만 인사부 전화번호가 어떻게 됩니까?

정답 B

해설 '실례합니다. 인사부 전화번호가 어떻게 되나요?'에 해당되는 보기는 B이다.

19

我的手机出了问题，突然不能打电话了。

해석 제 휴대전화에 문제가 생겼습니다. 갑자기 전화를 걸 수 없어요.

정답 C

해설 '제 휴대전화에 문제가 생겨 갑자기 전화를 걸 수 없게 되었습니다.'에 해당되는 보기는 C이다.

20

这是我的名片，以后有事您就可以直接找我。

해석 이건 제 명함입니다. 앞으로 일이 있으실 때 바로 저를 찾으시면 됩니다.

정답 A

해설 '이것은 제 명함입니다. 앞으로 일이 있으시면 바로 저를 찾아 주십시오'에 해당되는 보기는 A이다.

듣기 제3부분
21-30

21

男: 明天的会议几点开?
女: 应该是下午两点。

问: 他们在谈什么?

남: 내일 회의가 몇 시에 열립니까?
여: 아마 오후 2시일거에요.

문제: 그들은 무엇에 대해 이야기 하고 있습니까?

정답 A

해설 남자가 회의 시간을 물었고 여자는 오후 2시라고 대답했으므로 이 두사람은 회의 시간에 대해 이야기 중이다.

22

女: 你好，黄先生在吗?
男: 他昨天去上海出差了，明天回公司。

问: 根据对话，下列哪项正确?

여: 안녕하세요. 황 선생님 계십니까?
남: 어제 상하이로 출장가셨습니다. 내일 회사에 돌아오십니다.

문제: 대화에 따르면 다음 중 맞는 것은 무엇입니까?

정답 B

해설 남자는 황 선생님이 현재 상하이 출장중이라고 말했다. 그러므로 황 선생님은 지금 회사에 계시지 않는다.

23

男: 最近天气太热，真难受！
女: 是啊，可是今天下午天气预报说明天下雨。

问: 天气预报说什么时候下雨？

남: 요즘 날씨가 너무 더워요. 정말 견디기 힘드네요!
여: 네, 하지만 오늘 오후 일기예보에서 내일 비가 온다고 하더라고요.

문제: 일기예보에서는 언제 비가 온다고 했습니까?

정답 B

해설 일기예보에서 내일 비가 온다고 말했으므로 정답이 B임을 알 수 있다.

24

女: 听说你昨天参观了汽车展览会。
男: 没错，车展规模很大，而且来的人特别多。

问: 关于车展，下列哪项正确？

여: 듣자하니 너 어제 자동차 전시회에 갔었다고 하던데.
남: 맞아. 자동차 전시회 규모가 무척 크고, 온 사람도 정말 많았어.

문제: 자동차 전시회에 대해 다음 중 맞는 것은 무엇입니까?

정답 C

해설 전시회 규모가 크고, 전시회에 온 사람도 많다고 했으므로 정답은 C이다.

25

男: 小李，你昨天怎么没来上班啊？
女: 我搬家了，新家离公司很近。以后上下班会很方便的。

问: 女的昨天为什么没来上班？

남: 샤오리, 너 어제 왜 출근 안 했어?
여: 이사했거든. 새 집은 회사에서 가까워. 앞으로 출퇴근하기가 편리할 것 같아.

문제: 여자는 어제 왜 출근하지 않았습니까?

정답 B

해설 여자의 대답 중 첫 부분에서 어제 이사를 했다고 직접 언급했다.

26

女: 最近贵公司的产品卖得非常好。
男: 是啊，这次我们做了不少宣传，也做了大量的广告。

问: 关于公司，可以知道什么？

여: 요즘 귀사의 제품이 아주 잘 팔리네요.
남: 그렇습니다. 이번에 홍보를 많이 했거든요. 광고도 많이 했구요.

문제: 회사에 대해 알 수 있는 것은 무엇입니까?

정답 C

해설 회사가 이번에 홍보와 광고를 대량으로 했다고 남자가 언급했다.

27

男: 我们明天有什么安排？
女: 上午去爬长城，下午去颐和园，晚上七点左右回酒店。

问: 女的最可能是做什么的？

남: 내일 어떤 일정이 잡혀있습니까?
여: 오전에는 장성, 오후에는 이화원에 갑니다. 저녁 7시쯤 호텔로 돌아옵니다.

문제: 여자는 어떤 일을 하는 사람입니까?

정답 A

해설 여행지 방문 스케줄과 호텔로 돌아오는 일정에 대해 말했으므로 정답은 여행 가이드에 가장 가깝다.

28

女: 小刘呢？我来好几次都没见到他。
男: 他上个月调到生产部了，不在这儿工作。

问: 小刘现在在哪个部门工作？

여: 샤오리우는? 몇 번이나 왔는데 그를 보지 못했어.
남: 지난 달에 생산팀으로 인사 이동했어. 여기에서 근무 안 해.

문제: 샤오리우는 현재 어느 부서에서 근무합니까?

- -

정답 A

해설 남자의 표현 중 지난 달에 생산부로 이동했다고 했으므로 정답은 A이다.

29

男: 你想喝咖啡还是红茶?
女: 喝了咖啡或者红茶，我晚上睡不著，还是喝果汁吧。

问: 女的最可能喝什么?

남: 커피와 홍차 중 무엇을 드시겠어요?
여: 커피나 홍차를 마시면 밤에 잠을 못자서, 주스 마실게요.

문제: 여자는 무엇을 마십니까?

정답 C

해설 커피와 홍차는 잠을 이룰 수 없어서 쥬스를 마신다고 언급했다.

30

女: 您好，这里是中华国际票务中心。
男: 你好，我要订一张十三号去香港的机票。

问: 男的在做什么?

여: 안녕하세요. 중화 국제 티켓센터입니다.
남: 안녕하세요. 13일 홍콩가는 티켓을 예약하고 싶습니다.

문제: 남자는 무엇을 하고 있습니까?

- -

정답 B

해설 전화받은 곳은 티켓센터인데 남자가 날짜와 장소에 대해 말했으므로 남자는 항공티켓을 예약하고 있음을 알 수 있다.

二、阅 读

독해 제1부분

31-35

A 환영하다	B 건배	C 지각하다
D 천만에요	E 곧	F 어떻습니까

예 남: 도와주셔서 감사합니다.
여: (D 천만에요)

31.

남: 요즘 너 왜 자주 (C 지각을 하니)?
여: 매일 늦게까지 야근하느라 아침에 늘 일어나질 못해.

정답 C
해설 여자의 대답 중 아침에 일어나기 힘들다는 표현을 통하여 정답은 C 迟到 임을 알 수 있다.

32.

여: 저녁에 퇴근 후 같이 식사하는게 (F 어떻습니까)?
남: 죄송합니다. 저녁에 고객을 만나야 하거든요.

정답 F
해설 우선 괄호 뒤 물음표를 통해 의문문임을 알 수 있는데 의문문을 만들어주는 의문대명사는 F 怎么样 밖에 없다.

33.

남: 샤오리우, 제 사무실로 와줄 수 있습니까?
여: 알겠습니다. (E 곧) 갈게요.

정답 E
해설 주어와 서술어 사이에 괄호가 나와있으므로 우선 품사는 부사가 들어가야 한다. 부사는 E 马上이다.

34.

여: (A 어서오세요)! 모두 몇 분이십니까?
남: 9명 입니다.

정답 A
해설 중국어로 어서오세요에 해당되는 표현은 欢迎光临 이다.

35.

(B 건배), 사업이 번창하시길 바랍니다!

정답 B
해설 괄호 뒷 내용을 보면 사업이 잘 되길 바란다는 일종의 축하 메시지가 나왔다. 그러므로 이 부분은 '건배'라는 표현이 가장 적합하다.

36-40

A 13903520817	B 졸업한 학교	C 회사주소
D 1987년 9월	E 이름	F 업무경험

예 E: 이름

36.

출생년월: _____

정답 D
해설 출생년월에 해당되는 보기는 D 밖에 없다.

37.

_____: 산동대학교

정답 B
해설 산동대학교라는 단서를 통해 출신 학교를 묻고 있음을 알 수 있다.

38.

_____: 산서제3초등학교 교사(4년)

정답 F

해설 산서 제3초등학교에서 4년간 있었다는 부분을 통해 과거 업무 경험에 대해 묻고 있음을 알 수 있다.

39.

전화번호: _____

정답 A

해설 전화번호에 대한 대답은 보기 A 밖에 없다.

40.

_____ : 씬지앤 난루 3번지

정답 C

해설 괄호 뒷 부분은 어느 건물의 주소에 해당이 된다.

독해 제2부분   41-60

41

🌀 항저우 국제 과학기술 유한회사

판매부 매니저 리칭

주소: 항저우 쟝깐취 65번지
이메일: hangzhou11@qq.com

★ 이 명함을 통하여 알 수 있는 것은 무엇입니까?

A 휴대전화 번호   B 출근시간
C 매니저 이름

정답 C

해설 명함 상에는 반드시 성명이 기재되어야 하므로 정답은 C이다.

42

★ 이 표지는 무엇을 설명합니까?

A 주차할 수 없습니다
B 안전운행 하세요
C 왔던 길로 되돌아 가다

정답 A

해설 이 표지는 주차금지라는 의미이다. 영어 No Parking에서 P를 표현한 것이다.

43

홍콩 3일 여행

가격 : 1,980위안/1인
출발시간 : 매주 월, 수, 금 출발
출발장소: 베이징 수도 국제공항

★ 여행 노선에 대해 맞는 것은 무엇입니까?

A 비행기를 탄다
B 주말에 출발한다
C 5일간 홍콩 여행을 한다

정답 A

해설 여행 노선 중 출발지 부분을 보면 베이징 수도 국제 공항에서 출발한다고 명시되어 있다. 그러므로 정답은 A일 수 밖에 없다.

44

남성 양복 전문매장

전 매장
50% 세일

• 행사기간 : 5. 6~5. 15(열흘)
• 주소 : 베이징 동청취 동단베이따지애 15번지
• 문의전화 : 010-65993045

★ 800위안짜리 양복을 구입한다면 얼마를 지불해야 합니까?

A 300위안 　　　　　B 400위안 　　　　　C 600위안

정답 B

해설 우측 상단에 전 매장 50% 세일이라는 문구가 있다. 그러므로 800위안짜리 양복을 구입할 경우 실제 지불해야 하는 금액은 400위안이다.

45

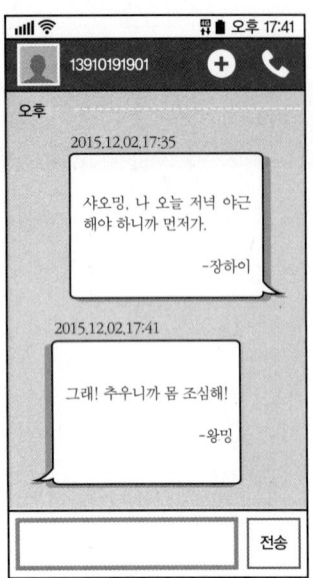

★ 이것은 무엇입니까?

A 일기예보
B 회사 소개
C 휴대전화 문자

정답 C

해설 보낸 날짜, 시간, 두 사람의 대화 등이 명시되어 있는 것으로 볼 때 정답은 휴대전화 문자 메시지임을 알 수 있다.

46

정전 공지

전기 공급설비 설치로 인하여 회사는 3월 30일 오후 2시에서 5시까지 정전됨을 알려드립니다.

관리소
2015년 3월 10일

★ 어느 시간 대에 정전이 됩니까?

A 29일 오후 　　　　B 30일 오전 　　　　C 30일 오후

정답 C

해설 통지 마지막 부분을 보면 3월 30일 오후 2시~5시에 정전이 된다고 명시되어 있다. 그러므로 정답은 C이다.

47

중화인민공화국 여권

여권번호 G25634788

성명 : 리밍(LI MING)
성별 : 여
생년월일 : 1987년 10월 27일

★ 리밍에 대해 다음 중 틀린 것은 무엇입니까?

A 是中国人 　　　　B 10月出生 　　　　C 是国际导游

정답 C

해설 여권 정보만으로는 이 사람의 직업을 알 수 없다.

48

상하이 어린이 공원 입장권		
계절	성인	어린이
봄, 겨울	20위안	10위안
여름, 가을	30위안	15위안

★ 7월 15일에 어린이 표 한장을 사면 얼마를 지불해야 합니까?

A 10위안 　　　　B 15위안 　　　　C 30위안

정답 B

해설 7월 15일은 여름이고, 이 때 어린이 티켓은 15위안이다.

49-50

다가오는 사흘 간 일기예보		
날짜	날씨	온도
8월 17일	구름 많음	18~27℃
8월 18일	맑음	20~31℃
8월 19일	비	17~24℃

★ 외출 전 우산을 챙겨야 하는 날은 언제입니까?

　A 8월 17일　　　　B 8월 18일　　　　C 8월 19일

정답 C

해설 8월 19일 일기예보에는 비가 온다고 나와 있다. 그러므로 우산을 챙겨야 하는 날은 C이다.

★ 오후 날씨가 가장 더운 날은 언제입니까?

　A 8월 17　　　　B 8월 18일　　　　C 8월 19일

정답 B

해설 주간 날씨가 가장 더운 날은 B 31도이다.

51-52

바겐세일 행사

핑안 가전제품 매장이 세일 행사를 합니다. 1월 1일에서 15일 사이 3,000위안 이상의 컴퓨터를 구입하시는 고객에 한하여 150위안의 컴퓨터 가방을 무료로 드립니다. 부디 방문해 주시길 바랍니다!

★ 다음 중 세일 행사를 하는 날짜는 언제 입니까?

　A 1월 9일　　　　B 3월 1일　　　　C 12월 31일

정답 A

해설 1월 1일에서 15일까지 3,000위안 이상을 구매하는 고객에 한하여 컴퓨터 가방을 무료로 준다고 나와 있다. 그러므로 정답은 A이다.

★ 만약 당신이 4,500위안짜리 컴퓨터를 샀다면 무엇을 받을 수 있습니까?

　A 컴퓨터 책상　　　　B 컴퓨터 가방　　　　C 팩스

정답 B

해설 4,500위안 이상을 구매하면 3,000위안 이상에 해당이 되므로 컴퓨터 가방을 받을 수 있다.

53-54

극장 수입표			
날짜	인원수	수입	관객 동원율
11	171	16,580	0.722189
12	405	39,420	1.318854
13	369	34,610	1.229653
14	117	13,250	0.571104
15	96	9,050	0.498337
16	126	14,790	0.583408
17	230	22,680	0.844761
18	214	20,570	0.813578
19	388	35,880	1.286094
20	371	34,940	1.235772

★ 관객 동원율이 가장 낮은 날은 언제입니까?

　A 12일　　　　B 15일　　　　C 20일

정답 B

해설 관객 동원율이 가장 낮은 날은 15일이다.

★ 13일 보다 수입이 높은 날은 언제입니까?

　A 11일　　　　B 14일　　　　C 19일

정답 C

해설 13일보다 수입이 높은 날은 19일이다.

55-57

2015년 회사 연차총회

10:00　개막 춤
10:30　환영사(사장)
11:00　노래 경연대회
　　　　《月亮代表我的心》(생산팀)
　　　　《快乐回家》(판매팀)
　　　　《真心英雄》(광고팀)
12:00　점심식사
14:00　미래 10년 발전 계획 발표(부사장)
15:00　간담회
17:00　연차총회 폐막

★ 연차총회 환영사는 누가 맡았습니까?

  A 비서   B 사장   C 생산팀 부장

정답 B
해설 환영사는 회사 총지배인이 한다고 명시되어 있다.

★ 노래 경연대회에 참가하는 사람은 누구입니까?

  A 판매팀의 왕산   B 인사팀의 쉬차오
  C 홍보팀의 후린

정답 A
해설 노래 대결은 생산부, 판매부, 광고부에서 참석하므로 정답은 A이다.

★ 어느 행사의 소요시간이 가장 긴가요?

  A 개막 춤   B 노래 경연대회   C 교류회

정답 C
해설 교류회는 오후 3시에서 5시까지 두 시간동안 진행된다. 스케줄 표를 보면 교류회 시간이 가장 길다는 것을 쉽게 알 수 있다.

58-60

아파트 임대

- 광밍아파트 5동 2단원 305호 (엘리베이터 없음)
- 5,000위안/1개월(매 6개월 마다 지불)
- 방 3개, 거실 1개, 화장실 2개
- 에어컨, TV, 냉장고, 세탁기, 전화 구비
- 더블침대, 큰 옷장, 작은 옷장, 컴퓨터 책상, 책꽂이
- 광대역 네트워크 설치되어 있음

★ 이 아파트에 대한 설명 중 맞는 것은 무엇입니까?

  A 엘리베이터가 없다
  B 주차장이 없다
  C 근처에 과일 가게가 있다

정답 A
해설 이 건물은 엘리베이터가 없다고 첫 번째 줄 괄호 속에 나와 있다.

★ 매 6개월마다 얼마를 지불해야 합니까?

  A 5,000위안   B 30,000위안   C 72,000위안

정답 B
해설 5,000위안/1개월×6개월=30,000위안

★ 이 건물에 대해 다음 중 맞는 것은 무엇입니까?

  A 컴퓨터가 있다
  B 인터넷을 할 수 없다
  C 방이 3개 있다

정답 C
해설 셋째 줄 첫 부분에 방이 3개라고 나와 있다.

三、书写

쓰기 제1부분

61.

죄송합니다. 제가 (번거롭게) 했네요.

정답 麻
해설 添麻烦은 폐를 끼치다라는 표현이다.

62.

회사 지도층은 직원들의 업무 활약에 대해 (만족)합니다.

정답 满
해설 满意는 ~에 대해 만족하다라는 동사이다.

63.

오늘 서점은 (세일)행사를 합니다. 나는 책 3권을 샀습니다.

정답 折
해설 打折活动은 세일 행사라는 고정 표현이다.

64.

당신이 (직장) 내 가장 좋은 직원이라고 모두가 이야기 합니다.

정답 位
해설 单位는 회사 내 부서에 해당하는 단어이다.

65.

오늘 왜 계속 몸이 (좋지) 않은지 잘 모르겠다.

정답 舒
해설 身体不舒服는 몸이 불편하다라는 의미로 사용된다.

66.

실례합니다. 세관 통과 (수속)은 어디에서 하나요?

정답 手续
해설 办理手续는 수속을 밟다는 호응관계이다.

67.

그들은 자동차 전람회에 참가하는 일에 대해 (상의)하고 있다.

정답 商量
해설 商量……事은 어떠한 일에 대해 상의하다라는 호응관계이다.

68.

제가 오늘 (열이 나기) 시작해서, 하루만 휴가를 내고 싶습니다.

정답 发烧
해설 发烧는 열이 나다라는 의미이다.

69.

제가 (소개) 하겠습니다. 이 분은 새로온 직원 짜오리 입니다.

정답 介绍
해설 介绍는 소개하다라는 동사이다.

70.

밖에 눈이 많이 오니까 오늘은 (지하철)을 타고 가.

정답 地铁
해설 地铁는 지하철이라는 명사이다.

BCT(A) 모의고사 3회 정답

一、听力

第一部分

1. ×	2. ✓	3. ✓	4. ×	5. ×
6. ×	7. ✓	8. ✓	9. ✓	10. ×

第二部分

11. C	12. C	13. A	14. B	15. A
16. C	17. B	18. A	19. B	20. C

第三部分

21. C	22. B	23. C	24. B	25. A
26. A	27. C	28. B	29. B	30. A

二、阅读

第一部分

31. E	32. B	33. C	34. F	35. A
36. B	37. D	38. A	39. F	40. C

第二部分

41. C	42. A	43. B	44. C	45. B
46. A	47. A	48. C	49. C	50. B
51. C	52. C	53. C	54. A	55. C
56. A	57. B	58. B	59. C	60. A

三、书写

61. 全	62. 钱	63. 商	64. 梯	65. 次
66. 护照	67. 附近	68. 营业	69. 完成	70. 邀请

第3회

听力

一、听 力

듣기 제1부분

1-10

1

秋

해석 가을
정답 ✗
해설 冬天은 겨울이지 秋 가을이란 뜻이 아니다.

2

发票

해석 영수증
정답 ✓
해설 发票는 영수증이라는 뜻이다.

3

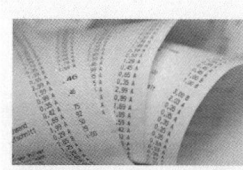

上网

해석 인터넷을 하다
정답 ✓
해설 上网은 인터넷을 하다라는 의미이다.

4

谈判

해석 협상
정답 ✗
해설 사진 상황으로는 협상을 하는 것으로 보기 어려우므로 녹음내용과 일치하지 않는다.

5

经理

해석 지배인
정답 ✗
해설 经理는 매니저라는 뜻이다. 주방장이 아니다.

6

坐地铁

해석 지하철을 타다
정답 ✗
해설 坐地铁는 지하철을 타다라는 의미이다.

7

现金

해석 현금

정답 ✓

해설 现金은 현금이라는 의미의 명사이다.

8

看报纸

해석 신문을 보다

정답 ✓

해설 看报纸는 신문을 보다라는 뜻이다.

9

参加宴会

해석 연회석에 참가하다

정답 ✓

해설 参加宴会는 연회에 참가하다라는 의미이다.

10

非常紧张

해석 매우 긴장하다

정답 ×

해설 非常紧张은 매우 긴장되다라는 뜻이므로 정답이 아니다.

듣기 제2부분

11

他在等地铁呢。

해석 그는 지하철을 기다리고 있습니다.

정답 C

해설 '그는 지하철을 기다리고 있다'에 해당되는 보기는 C이다.

12

这家商店可以刷卡。

해석 이 상점은 카드 결제를 할 수 있습니다.

정답 C

해설 '이 상점은 카드 결제가 가능하다'에 해당되는 보기는 C이다.

13

她买了一部新手机。

해석 그녀는 휴대전화를 새로 샀습니다.

정답 A

해설 '그녀는 새 휴대전화를 하나 샀다'에 해당되는 보기는 A이다.

14

外面下雨，你带伞去吧。

해석 밖에 비가오니 우산을 가져 가라.

정답 B

해설 '밖에 비가 오니 우산을 챙겨가라'에 해당되는 보기는 B이다.

15

爸爸回家时买了一些水果。

[해석] 아빠가 집에 올 때 과일을 좀 사 오셨다.

[정답] A

[해설] '아버지가 집에 오실 때 과일을 조금 사 오셨다'에 해당되는 보기는 A이다.

16

我上午去学校图书馆借了五本书。

[해석] 나는 오전에 학교 도서관에 가서 책을 5권 빌렸다.

[정답] C

[해설] '나는 오전에 학교 도서관에서 책을 5권 빌렸다'에 해당되는 보기는 C이다.

17

他吃饭吃得比较多，肚子一直疼。

[해석] 그는 밥을 정말 많이 먹어서 배가 계속 아프다.

[정답] B

[해설] '그는 밥을 많이 먹어서 배가 계속 아프다'에 해당되는 보기는 B이다.

18

您好！欢迎访问我们的公司。

[해석] 안녕하세요! 저희 회사를 방문해 주신 것을 환영합니다.

[정답] A

[해설] '안녕하세요. 저희 회사에 방문해 주신 것을 환영합니다'에 해당되는 보기는 A이다.

19

你看看这个，我觉得这条领带最适合你。

[해석] 이것 좀 봐. 내가 보기엔 이 넥타이가 너에게 가장 잘 어울려.

[정답] B

[해설] '이것 좀 봐, 이 넥타이가 너에게 가장 잘 어울릴 것 같아'에 해당되는 보기는 B이다.

20

今天是星期日，所以小刘还没有起床。

[해석] 오늘은 일요일입니다. 그래서 샤오리우는 아직 일어나지 않았습니다.

[정답] C

[해설] '오늘은 일요일이다. 그래서 샤오리우는 아직 일어나지 않았다'에 해당되는 보기는 C이다.

듣기 제3부분   21-30

21

男: 小刘，你今天几点下班啊？
女: 不加班的话，六点就能下班。

问: 如果女的今天加班，可能几点下班？

남: 샤오리우. 너 오늘 몇 시에 퇴근해?
여: 야근하지 않으면 6시에 퇴근할 수 있어.

문제: 만약 여자가 야근하면 몇 시에 퇴근합니까?

[정답] C

[해설] 여자의 표현 중 추가근무를 하지 않을 때는 6시에 퇴근

한다고 했는데 오늘 추가근무를 한다면 6시 이후 퇴근이 되므로 정답은 7시가 가장 적합하다.

22

女: 先生，现在4G手机卖得非常好。
男: 不过我觉得能接电话、发短信就可以了。

问: 以下哪项是男的对手机的要求？

여: 현재 4G 휴대전화가 아주 잘 팔립니다.
남: 하지만 제 생각에는 전화를 받을 수 있고 문자 보낼 수 있으면 됩니다.

문제: 남자가 휴대전화에 대한 요구사항은 다음 중 무엇입니까?

정답 B
해설 남자의 표현 중 전화를 받을 수 있고 문자를 보낼 수만 있으면 된다고 나와 있다. 그러므로 정답은 B이다.

23

男: 好久没见到你了，你已经开始工作了吧？
女: 是的，我现在在福康医院，经常上夜班。

问: 女的在哪儿工作？

남: 오랜만입니다. 이미 일을 시작하셨나요?
여: 네. 지금 푸캉 병원에서 일을 합니다. 저녁 근무를 자주 서요.

문제: 여자는 어디에서 일을 합니까?

정답 C
해설 여자가 푸캉병원에서 일하고 있다고 직접 언급을 하였다.

24

女: 欢迎光临！请问几位用餐？
男: 我来找我的同事，他们已经来了。

问: 男的在餐厅想做什么？

여: 어서오세요! 몇 분이십니까?
남: 제 동료들을 찾으러 왔습니다. 이미 와 있거든요.

문제: 남자는 식당에서 무엇을 하려고 합니까?

정답 B
해설 남자의 표현 중 '제 동료를 찾으로 왔다'라고 나와있다.

25

男: 马上要下雨了，上班时别忘了带伞。
女: 你放心，忘不了。

问: 女的是什么意思？

남: 곧 비가 올 것 같으니 출근할 때 우산 꼭 챙기세요.
여: 안심하세요. 절대 안 잊어버려요.

문제: 여자의 말은 무슨 뜻 입니까?

정답 A

해설 放心이란 것은 '안심하라'는 의미이므로 우산을 휴대하는 것을 절대 잊을리 없다는 말로 풀이된다. 그러므로 정답은 A이다.

26

女: 办公室里的打印机坏了，我得找人来修一下。
男: 你不用找别人。一会儿我去帮你看看。

问: 办公室里的打印机怎么了？

여: 사무실 프린트기가 고장났습니다. 사람을 불러 수리 해야 될 것 같아요.
남: 굳이 다른 사람 찾을 필요 없습니다. 조금 후에 제가 가서 좀 볼게요.

문제: 사무실 프린트기는 어떻게 되었습니까?

정답 A
해설 여자의 말 중 도입 부분에 사무실 프린트기가 고장났다고 언급했다.

27

男: 你好，请问是华新公司吗？我想找李经理。
女: 对不起，他现在不在办公室。

问: 女的可能是做什么的？

남: 안녕하세요. 화신회사인가요? 리 지배인님과 만나고 싶은데요.
여: 죄송하지만, 지금 사무실에 안 계십니다.

문제: 여자는 어떤 일을 하는 사람입니까?

정답 C
해설 지배인의 스케줄을 관리하는 직책은 대체로 비서이므로 정답은 C이다.

28

女: 这是我们公司今年新推出的饮料，欢迎免费品尝。
男: 谢谢，请给我一杯。

问: 对话最可能发生在哪儿？

여: 이것은 저희 회사가 올해 새로 출시한 음료입니다. 무료 시음 해보세요.
남: 감사합니다. 한 잔만 주십시오.

문제: 윗 대화는 어디에서 발생했습니까?

해설 새로 출시된 음료수를 드셔보라는 표현을 통해 대화가
발생하는 장소가 슈퍼마켓임을 간접적으로 알 수 있다.

29

男: 小姐，我要结账。一共多少钱?
女: 给您优惠20块，一共180块钱。

问: 男的要付多少钱?

남: 아가씨, 계산해 주세요. 모두 얼마입니까?
여: 20위안 할인해서 180위안 입니다.

문제: 남자는 얼마를 지불해야 합니까?

정답 B
해설 20위안을 저렴하게 해주었기 때문에 180위안이다라고
여자가 말했다. 그러므로 200위안이 아니라 180위안이
정답이다.

30

女: 那件打折的衬衫你买了吗?
男: 朋友们都让我再等等，说过一段时间会比现在还便
宜.

问: 男的在说什么?

여: 할인하는 그 셔츠 샀어?
남: 친구들이 일단 기다려보라고 했어. 시간이 좀 지나면
지금보다 더 저렴하다고 하더라구.

문제: 남자는 무엇을 이야기하고 있습니까?

정답 A
해설 남자의 마지막 표현 중 더 저렴해질 것이다라는 말을
통해 가격을 이야기 하고 있음을 알 수 있다.

제3회

听力

31-35

A 편리하다	B 죄송하다	C 당신
		(상대방에 대한 일종의 경어)
D 천만에요	E 연락하다	F 출장가다

예 남: 도와주셔서 감사합니다.
　　여: (D 천만에요)

31.

남: 원하시던 컴퓨터는 이미 다 팔렸습니다.
여: 물건 다시 들어오면 바로 제게 (E 연락주세요).

정답 E
해설 동사가 들어갈 자리가 비어 있다. 문맥 상 '저에게 연락해 주십시오'라는 표현이 나와야 하므로 정답은 E 联系이다.

32.

여: 영수증에 회사 명칭이 잘못 적혀 있습니다. 죄송하지만 다시 끊어 주세요.
남: 정말 (B 죄송합니다). 바로 끊어 드리겠습니다.

정답 B
해설 괄호 앞에 정도부사 非常이 나왔기 때문에 형용사가 들어가야 하고 문맥을 통해 남자가 사과하고 있음을 알 수 있다.

33.

남: 우리는 이미 (C 귀사)가 발송한 초대장을 받았습니다. 감사합니다!
여: 별말씀을요.

정답 C
해설 상대방의 회사를 높여서 표현할 때는 貴公司라는 단어로 표현한다.

34.

여: 실례하지만 샤오린 있나요? 일이 좀 있어서 그를 찾으려고 합니다.
남: 죄송합니다. 그는 광저우 (F 출장) 갔습니다.

정답 F
해설 '去+장소+出差'는 어느 지역으로 출장을 가다라는 고정 격식이다.

35.

총 지배인은 지금 전화 받기 (A 편하지) 않습니다.
지금 회의 중이십니다.

정답 A
해설 方便은 편리하다라는 뜻의 형용사이다. 어떤 일을 하기 편한지 여부를 논할 때 많이 사용된다.

36-40

| A 건강 상태 | B 나이 | C 베이징시 차오양취 |
| D 2009년 7월 | E 이름 | F 연락처 |

예 E: 이름

36.

_____ : 28

정답 B
해설 28이라는 숫자와 가장 어울리는 보기는 E 나이 밖에 없다.

37.

졸업날짜: _____

정답 D
해설 졸업 시간이므로 시간 표현이 나와야 한다.

38.

_____ : 양호

정답 A

해설 良好는 좋다, 양호하다는 의미이다. 그러므로 사람의 건강상태 외에는 적합한 표현이 보기 중에 없다.

39.

_____ : 18601379932

정답 F

해설 중국의 휴대전화 번호는 총 11자리 숫자로 되어 있다.

40.

집 주소: _____

정답 C

해설 베이징시 차오양취라고 나와 있으므로 주소에 가장 적합하다.

독해 제2부분　　41-60

41

당신은 본 점의 음식에 대해 만족하십니까?

○매우 만족　　○만족　　○그저그렇다
○불만족　　○매우 불만족

★ 이것은 무엇입니까?

A 제품소개　　　B 업무보고　　　C 고객조사

정답 C

해설 본점의 음식에 대해 만족하십니까라고 물었다. 그러므로 고객 만족도 조사라고 할 수 있다.

42

행운 컴퓨터 서비스 센터

왕따샨

전화번호 : 18600659931
팩스 : 010-62698951
회사주소 : 베이징시 중관춘 26번지

★ 다음 중 이 회사와 관계가 있는 제품은 무엇입니까?

A 컴퓨터　　　B 휴대전화　　　C 팩스

정답 A

해설 计算机와 电脑는 둘 다 컴퓨터를 의미한다.

43

★ 당신이 이 표지를 보았다면 어떻게 해야합니까?

A 미리 차를 바꾸어 타세요
B 다른 길로 가세요
C 휴대전화를 사용할 수 없습니다

정답 B

해설 이 표지는 공사 중이니 돌아가시오라는 의미이다.

44

사무실 임대

• 지하철 2, 4호선에서 가까움
• 총면적 1800평방미터
• 가격 협의

★ 오피스텔에 대해 알 수 있는 것은 무엇입니까?

A 인터넷을 할 수 없다
B 엘리베이터가 없다
C 교통이 편리하다

정답 C
해설 사무실 임대에 관한 소개 중 첫째 문장을 보면 지하철 2,4호선이 근처에 있다고 명시되어 있다. 그러므로 교통이 편리하다가 가장 적합하다.

45

홍샤오니오로우 45위안   위샹로우쓰 25위안
마포떠우푸 20위안   쓰촨김치 12위안

※ 50위안 이상 주문 시 5위안 할인

★ 홍샤오니우로우와 마포떠우푸를 먹었다면 얼마를 내야 합니까?

A 45元   B 60元   C 65元

정답 B
해설 红烧牛肉는 45위안, 麻婆豆腐는 25위안 이므로 두 음식의 가격은 총 70위안이지만, 50위안 이상 주문 시 5위안 저렴하게 해주기 때문에 70위안에서 5위안 저렴한 65위안이 정답이다.

46

청소년 휴대전화 사용 현황

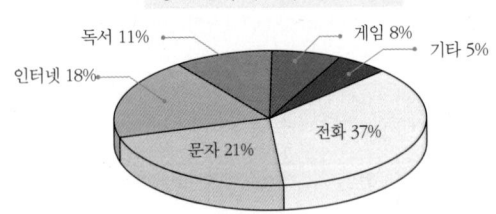

독서 11%   게임 8%
인터넷 18%   기타 5%
문자 21%   전화 37%

★ 어느 사용자가 이번 조사에 참가했습니까?

A 16살 리시   B 23살 왕용   C 38살 장리

정답 A

해설 청소년의 휴대전화 사용 상황에 대해 나와 있으므로 정답은 A이다.

47

728번 버스 노선도
톈안먼 방향

용안리   르탄루   베이징역   동단   왕푸징   톈안먼

★ 베이징역에서 버스를 탔다면 다음 역은 어디입니까?

A 동단   B 르탄루   C 톈안먼

정답 A
해설 버스 노선 아래 부분에 开往天安门(톈안먼 방향)이라고 나와 있으므로 베이징 역의 다음 역은 A 东单이다.

48

상하이 환시놀이공원 입장권	
월~금요일	주간 50위안
	야간 25위안
주말	주간 60위안
	야간 30위안

★ 일요일 오전 입장권 가격은 얼마입니까?

A 25위안   B 50위안   C 60위안

정답 C
해설 일요일 오전의 티켓 가격은 주말 오전가격을 참고하면 된다.

49

```
                 공   지

  5월 13일 수요일 오후 3시로 계획되었던 전직원
회의가 5월 15일 금요일 오전 10시로 변경되었습니
다. 회의 장소는 그대로 입니다.
                            사무실
                          5 월11일
```

★ 전직원 회의는 언제 열립니까?

　A 5月11日　　　　B 5月13日　　　　C 5月15日

[정답] C

[해설] 공지의 둘째 줄을 보면 5월 15일 금요일 오전 10시로 변경되었다고 명시되어 있으므로 정답은 C이다.

50

```
              메   모

  왕둥에게
  일    시 : 2015년 11월 10일
  시    간 : 14시 20분
  글 쓴 이 : 양홍
  전화번호 : 13910333131
  내    용 : 저녁 8시 전 전화 부탁
```

★ 양홍이 메모를 남긴 것은 왕둥이 어떻게 하길 원하는 것입니까?

　A 전화를 수리하다
　B 그녀에게 전화를 하다
　C 일에 대해 상의하다

[정답] B

[해설] 본문 마지막 내용이 정답과 연관된다. 저녁 8시 이전에 그녀에게 전화를 다시 해 달라고 나와있다.

51-52

회사 인원 현황(총46인)		
성별	남	28
	여	18
나이	40세 이상	7
	40세 이하	39

★ 회사 인원 중에 대해 알 수 있는 것은 무엇입니까?

　A 여직원이 훨씬 많다
　B 여자는 31명이다
　C 남자는 30명 이하이다

[정답] C

[해설] 남자 인원은 총 28명이므로 30명 이하이다.

★ 직원 연령에 대해 알 수 있는 것은 무엇입니까?

　A 평균 연령이 40세이다
　B 여자의 평균 연령이 높다
　C 대부분은 40세 이하이다

[정답] C

[해설] 총 46명의 인원 중 39명이 40세 이하이므로 대부분의 직원은 40세 이하라고 할 수 있다.

53-54

```
             티앤마 상점

   1층 : 학용품    2층 : 사무용품
   3층 : 운동용품   4층 : 가전제품
```

★ 에어컨을 사고 싶다면 어디로 가야 합니까?

　A 2층　　　　　B 3층　　　　　C 4층

[정답] C

[해설] 에어컨은 가전제품 중 하나이다.

★ 이 상점에서 살 수 없는 것은 무엇입니까?

　A 양복　　　　B 러닝머신　　　　C 서류철

[정답] A

[해설] 양복은 의류이므로 학용품, 사무용품, 운동용품, 가전제품에 모두 해당되지 않는다.

55-57

> ### 모 집
>
> 본 호텔에서는 데스크 직원 2명을 모집합니다. 여성, 나이 25~30세, 비교적 높은 영어 구사, 문제 해결 능력이 뛰어난 자.
>
> - 근무시간 : 월~토 09:00~19:00(일요일 휴식)
> - 수 　당 : 5000위안/1개월
> - 문의전화 : 18662259783(쑨 매니저)

★ 회사는 어떤 사람을 모집합니까?

　A 매니저　　　　B 영어 교사　　　　C 데스크 직원

정답 C

해설 본문의 첫째 줄에 前台工作人員2名이라고 명시되어 있다.

★ 다음 중 모집 조건이 아닌 것은 무엇입니까?

　A 취미　　　　B 외국어　　　　C 문제 해결능력

정답 A

해설 취미에 대한 언급은 본문 그 어디에도 없다.

★ 윗 글에 따르면 다음 중 맞는 것은 무엇입니까?

　A 토요일 휴식
　B 직원 2명 모집
　C 하루에 9시간 근무

정답 B

해설 招聘前台工作人員2名이라는 표현을 통해 정답이 B임을 알 수 있다.

58-60

총지배인 업무 스케줄

날짜	시간	내용	장소
월요일 10월 13일	오전	전직원 회의	회의실(A)
	오후	직원 양성	회의실(B)
화요일 10월 14일	오전	고객 접견	접견실
수요일 10월 15일	오후	공장 참관	공장
목요일 10월 16일	오후	판매 업무 총괄	회의실(B)
금요일 10월 17일	오전	계약 체결	사무실
	오후	휴식	

★ 10월 13일 오전 총지배인은 무엇을 할 계획입니까?

　A 공장에 가다
　B 회의에 참가하다
　C 업무보고를 하다

정답 B

해설 스케줄 표에서 10월 13일 오전을 보면 전체 회의가 있음을 알 수 있기 때문에 정답은 B일 수 밖에 없다.

★ 만약 당신이 총 지배인과 일에 관한 이야기를 하고 싶다면 언제 해야 합니까?

　A 월요일 오전　　　B 목요일 오후　　　C 금요일 오후

정답 C

해설 금요일 오후에 매니저는 휴식을 취한다. 그러므로 C가 지배인과 업무에 관한 이야기를 하기에 가장 적합하다.

★ 총 지배인의 업무 시간이 가장 긴 날은 언제입니까?

　A 월요일　　　B 수요일　　　C 목요일

정답 A

해설 월요일은 오전, 오후 스케줄이 모두 있고, 수요일과 목요일은 오후 스케줄만 나와 있으므로 업무 시간이 가장 긴 날은 월요일이다.

三、书写

쓰기 제1부분

61-70

61.

날씨가 많이 추우니 외출할 때 (안전)에 주의하세요.

정답 全

해설 安全은 안전하다라는 뜻의 형용사이다.

62.

아가씨, 잔(돈) 여기 있습니다.

정답 钱

해설 돈을 거슬러 주다라는 표현은 找钱이다.

63.

귀사의 (제품)목록을 볼 수 있을까요?

정답 商

해설 제품목록은 商品目录라고 표현한다.

64.

출퇴근 시간에 (엘리베이터)에는 사람이 비교적 많습니다.

정답 梯

해설 电梯는 엘리베이터라는 의미이다.

65.

저는 작년에 미국에 와 보았고 올해는 두번(째)입니다.

정답 次

해설 횟수를 세는 양사가 들어가야 하므로 정답은 次이다.

66.

이 곳에 (여권)번호를 적어주세요.

정답 护照

해설 여권번호는 护照号码이다.

67.

회사 (근처)에 우체국 있습니까? 이 문서를 부치고 싶습니다.

정답 附近

해설 어느 장소의 근처는 附近이라고 한다.

68.

저 식당은 오늘 (영업)하지 않습니다. 내일 다시 가 봅시다.

정답 营业

해설 영업을 하다라는 뜻의 동사는 营业이다.

69.

저는 요즘 업무 보고를 쓰느라 바쁩니다. 이번 주말에는 (완성)할 예정입니다.

정답 完成

해설 완성할 예정이다는 말은 打算完成이라고 표현한다.

70.

내년은 회사 성립 10주년 입니다. 회사는 각계 인사를 (초대)할 계획입니다.

정답 邀请

해설 누군가를 초대하다라는 동사는 邀请이다.

新 ▶ BCT
실전 모의고사

A형

부록

★ BCT A형 필수단어 600
★ OMR 답안 카드

BCT (A형) 필수단어 600

 A

001	爱 ài	동 사랑하다
002	爱好 àihào	명 취미, 애호
003	安排 ānpái	명 안배 동 안배하다
004	安全 ānquán	형 안전하다
005	按照 ànzhào	전 ~에 따라

 B

006	把 bǎ	전 ~을, ~으로
007	吧 ba	조 제의, 청유, 명령 등을 나타냄
008	半 bàn	명 절반
009	办法 bànfǎ	명 방법
010	办公室 bàngōngshì	명 사무실
011	办理 bànlǐ	동 (일,업무를) 처리하다, (수속을) 밟다
012	帮助 bāngzhù	동 돕다
013	包 bāo	명 가방
014	包括 bāokuò	동 포함하다
015	饱 bǎo	형 배부르다
016	报告 bàogào	명 보고 동 보고하다
017	抱歉 bàoqiàn	동 사과하다
018	报纸 bàozhǐ	명 신문
019	杯 bēi	명 컵
020	被 bèi	전 ~에 의해 ~당하다
021	本 běn	명 뿌리, 근본, (화자 입장에서) 자신의
022	比 bǐ	전 ~보다, ~에 비해

023	笔 bǐ	명 펜 양 (지폐 등) 뭉치
024	比较 bǐjiào	동 비교하다 부 비교적
025	必须 bìxū	부 반드시
026	毕业 bìyè	명 졸업 동 졸업을 하다
027	遍 biàn	양 번, 회
028	变化 biànhuà	명 변화
029	标志 biāozhì	명 상징, 표지
030	标准 biāozhǔn	명 기준, 표준
031	表格 biǎogé	명 표, 틀
032	别 bié	부 (명령형) ~하지 마라
033	别人 biérén	대 타인, 다른사람
034	宾馆 bīnguǎn	명 호텔
035	不但……而且 búdàn……érqiě	접 ~일 뿐 아니라 ~하기까지 하다
036	不客气 bú kèqi	천만에요, 별 말씀을요
037	不 bù	부 ~이 아니다
038	部分 bùfen	명 부분, 파트
039	部门 bùmén	명 부서

 C

040	才 cái	부 비로소
041	菜单 càidān	명 메뉴
042	参观 cānguān	명 견학, 참관 동 견학하다, 참관하다
043	参加 cānjiā	명 참가 동 참가하다
044	餐厅 cāntīng	명 레스토랑, 식당
045	层 céng	명 층

046	差 chā	형 다르다, 차이가 있다
047	茶 chá	명 차(Tea)
048	差不多 chàbuduō	형 비슷하다 부 거의, 대체로
049	产品 chǎnpǐn	명 제품, 상품
050	长 cháng	형 길다
051	唱歌 chànggē	동 노래를 하다
052	超市 chāoshì	명 마트, 슈퍼마켓
053	衬衫 chènshān	명 셔츠
054	成功 chénggōng	명 성공 동 성공하다
055	乘客 chéngkè	명 승객
056	城市 chéngshì	명 도시
057	吃饭 chīfàn	동 밥을 먹다, 식사를 하다
058	迟到 chídào	동 지각하다
059	出 chū	동 (안에서 밖으로) 나오다
060	出差 chūchāi	출장 (동목) 출장을 가다
061	出发 chūfā	명 출발 동 출발하다
062	出现 chūxiàn	동 나타나다, 출현하다
063	出租车 chūzūchē	명 택시
064	除了 chúle	전 ~을 제외하고
065	穿 chuān	동 입다, 가로지르다
066	船 chuán	명 배, 선박
067	传真 chuánzhēn	명 팩스
068	窗户 chuānghu	명 창, 창문
069	次 cì	양 번, 회, 차례
070	从 cóng	전 ~부터
071	错 cuò	형 틀리다

072	打 dǎ	동 치다, (물건) 사다, (교통수단) 타다
073	打算 dǎsuan	동 ~할 계획이다
074	打印 dǎyìn	명 인쇄, 프린트 동 프린트하다
075	打折 dǎzhé	명 할인, 세일 동 할인하다

076	大 dà	형 크다
077	大概 dàgài	부 대략, 대체로
078	大家 dàjiā	대 여러분
079	带 dài	동 휴대하다, 지니다
080	戴 dài	동 (얼굴, 손 등에) 착용하다
081	单位 dānwèi	명 (직장, 단체 등의) 부서, 부처
082	担心 dānxīn	동 걱정하다
083	当然 dāngrán	부 당연히
084	导游 dǎoyóu	명 여행 가이드
085	到 dào	동 도착하다 전 ~까지
086	到达 dàodá	동 도착하다
087	地 de	조 단어나 구가 서술어를 수식해 줄 때 사용됨
088	的 de	조 관형어와 중심어가 종속관계를 나타냄
089	得 de	조 서술어 뒤에 쓰여 보어와 연결시킴
090	登机牌 dēngjīpái	명 탑승권
091	等 děng	명 기타 등등 동 기다리다
092	低 dī	형 낮다
093	地方 dìfang	명 장소, 지역
094	地铁 dìtiě	명 지하철
095	地图 dìtú	명 지도
096	地址 dìzhǐ	명 주소
097	点 diǎn	양 약간, 조금 동 주문하다
098	电话 diànhuà	명 전화
099	电脑 diànnǎo	명 컴퓨터
100	电视 diànshì	명 텔레비전
101	电梯 diàntī	명 엘리베이터, 승강기
102	电子邮件 diànzǐyóujiàn	명 이메일, 전자우편
103	调查 diàochá	명 조사 동 조사하다
104	订 dìng	동 예약하다
105	东西 dōngxi	명 물건
106	懂 dǒng	동 이해하다
107	都 dōu	부 모두

108	读 dú	동 읽다, 공부하다
109	短 duǎn	형 짧다
110	锻炼 duànliàn	명 운동 동 운동하다
111	对 duì	형 맞다, 옳다
		개 ~에 대해
112	对不起 duìbuqǐ	미안하다
113	多 duō	형 많다
114	多少 duōshao	대 얼마, 몇

 F

115	发 fā	동 보내다, 발송하다
116	发票 fāpiào	명 영수증
117	发烧 fāshāo	동 열이 나다
118	发生 fāshēng	동 발생하다
119	发现 fāxiàn	동 발견하다
120	发展 fāzhǎn	동 발전하다, 발전시키다
121	返回 fǎnhuí	동 (원래의 곳으로) 되돌아가다
122	反正 fǎnzhèng	부 어쨌든
123	方 fāng	명 ~쪽, ~측
124	方便 fāngbiàn	형 편리하다
125	方法 fāngfǎ	명 방법
126	方向 fāngxiàng	명 방향
127	房间 fángjiān	명 방, 룸(Room)
128	访问 fǎngwèn	명 방문 동 방문하다
129	放 fàng	동 놓다, 두다
130	放假 fàngjià	동 (학교) 방학을 하다, (직장) 쉬다
131	非常 fēicháng	부 매우
132	飞机 fēijī	명 비행기
133	份 fèn	명 배당, 몫, 전체 중 일부분
134	服务员 fúwùyuán	명 종업원
135	付款 fùkuǎn	동 돈을 지불하다
136	附近 fùjìn	명 근처, 부근

| 137 | 复印 fùyìn | 명 복사 동 복사하다 |
| 138 | 负责 fùzé | 동 책임지다 |

 G

139	改变 gǎibiàn	동 바꾸다
140	干杯 gānbēi	명 건배 동 건배를 하다
141	干净 gānjìng	형 깨끗하다
142	敢 gǎn	동 과감하게 ~하다 형 용감하다
143	感冒 gǎnmào	명 감기 동 감기에 걸리다
144	感谢 gǎnxiè	동 감사하다
145	干 gàn	동 ~을 하다
146	刚才 gāngcái	명 방금
147	高 gāo	형 높다
148	高兴 gāoxìng	형 기쁘다
149	告诉 gàosu	동 알려주다, 말하다
150	个 ge	양 개
151	各 gè	대 각, 각자
152	给 gěi	동 ~에게 ~을 주다
153	跟 gēn	전 ~와, ~과
154	根据 gēnjù	명 근거 개 ~에 근거하여
155	更 gèng	부 더, 더욱
156	工厂 gōngchǎng	명 공장
157	公共汽车 gōnggòngqìchē	명 버스
158	公里 gōnglǐ	명 킬로미터
159	公司 gōngsī	명 회사
160	工资 gōngzī	명 수당, 급여
161	工作 gōngzuò	명 일 동 일하다
162	够 gòu	동 (수량, 기준 등을) 만족시키다
163	购物 gòuwù	명 쇼핑 동 물건을 사다
164	顾客 gùkè	명 고객
165	刮风 guāfēng	동 바람이 불다
166	关 guān	동 끄다, 닫다
167	关键 guānjiàn	명 관건 형 관건이다, 중요하다

168	关系 guānxi	명 관계	동 관계되다
169	关心 guānxīn	명 관심	동 관심을 갖다
170	关于 guānyú	전 ~에 관하여	
171	管理 guǎnlǐ	명 관리	동 관리하다
172	光临 guānglín	동 방문하다	
173	广告 guǎnggào	명 광고	
174	贵 guì	형 비싸다	
175	国际 guójì	명 국제	
176	国家 guójiā	명 국가	
177	过 guò	동 건너다, (시점) 경과하다, (한도)초과하다	

178	还 hái	부 여전히, 또, 더욱	
179	还是 háishi	부 여전히, 아직도, ~하는 편이 더 좋다	
180	汉语 Hànyǔ	명 중국어	
181	航班 hángbān	명 (배, 비행기의) 항공편, 운항편	
182	好 hǎo	형 좋다, 우수하다	
183	号 hào	명 번호, 등급, 사이즈	
184	好吃 hǎochī	형 맛있다	
185	号码 hàomǎ	명 번호	
186	喝 hē	동 마시다	
187	和 hé	전 ~와, ~과	
188	合适 héshì	형 적합하다, 어울리다	
189	合同 hétong	명 계약	
190	合作 hézuò	명 협력	동 협력하다
191	很 hěn	부 매우, 아주	
192	护照 hùzhào	명 여권	
193	花费 huāfèi	명 경비, 비용	
194	坏 huài	형 나쁘다, 못됐다, 고장나다	
195	欢迎 huānyíng	명 환영	동 환영하다
196	换 huàn	동 바꾸다, 교환하다	

197	回 huí	동 돌아가다	양 번, 차례
198	回答 huídá	동 대답하다	
199	会 huì	조 ~할 수 있다, ~일 것이다	
200	会议 huìyì	명 회의	
201	活动 huódòng	명 활동, 행사	
202	火车 huǒchē	명 기차	
203	货物 huòwù	명 화물	
204	或者 huòzhě	부 아마, 어쩌면	
		접 ~이던가 ~이다	

205	机场 jīchǎng	명 공항	
206	机会 jīhuì	명 기회	
207	极 jí	명 절정, 최고점, 정점, 끝	
208	急 jí	형 조급하다	
209	几 jǐ	수 몇	
210	寄 jì	동 (우편물 등) 부치다	
211	记得 jìde	동 기억하고 있다	
212	计划 jìhuà	명 계획	동 계획하다
213	记录 jìlù	명 기록	동 기록하다
214	计算 jìsuàn	명 계산	동 계산하다
215	家 jiā	명 집	양 건물을 세는 양사
216	加油 jiāyóu	동 기름을 넣다, 힘을 내다	
217	价格 jiàgé	명 가격	
218	检查 jiǎnchá	명 검사	동 검사하다
219	简单 jiǎndān	형 간단하다, 쉽다	
220	简历 jiǎnlì	명 약력, 이력서	
221	减少 jiǎnshǎo	동 감소하다	
222	件 jiàn	양 (전체 중 셀 수 있는) 일 등의 양사	
223	健康 jiànkāng	명 건강	형 건강하다
224	见面 jiànmiàn	동 만나다	
225	建议 jiànyì	명 건의	동 건의하다

226	将 jiāng	閏 머지않아, 곧
227	讲 jiǎng	됨 말하다, 강의하다
228	交 jiāo	됨 사귀다, 제출하다, 지불하다
229	交通 jiāotōng	冏 교통
230	叫 jiào	됨 부르다, 외치다
231	觉得 juéde	됨 생각하다, 느끼다
232	接 jiē	됨 받다, 잇다, 연결하다
233	街道 jiēdào	冏 거리, 큰길
234	节日 jiérì	冏 명절
235	结束 jiéshù	됨 끝나다, 마치다
236	结账 jiézhàng	됨 결재하다, 계산하다
237	解决 jiějué	됨 해결하다
238	借 jiè	됨 빌리다
239	介绍 jièshào	됨 소개하다
240	斤 jīn	양 근
241	今天 jīntiān	冏 오늘
242	紧张 jǐnzhāng	혱 긴장하다
243	进 jìn	됨 들어가다
244	近 jìn	혱 가깝다
245	进口 jìnkǒu	冏 수입 됨 수입하다
246	进行 jìnxíng	됨 진행하다
247	禁止 jìnzhǐ	됨 금지하다
248	经常 jīngcháng	閏 자주
249	经过 jīngguò	됨 경과하다, 지나다
250	经理 jīnglǐ	冏 지배인, 매니저, 책임자
251	经验 jīngyàn	冏 경험
252	久 jiǔ	혱 (시간이) 오래되다
253	就 jiù	閏 곧, 즉시, 이미, ~하자마자 곧
254	举办 jǔbàn	됨 거행하다, 개최하다
255	举行 jǔxíng	됨 거행하다, 개최하다
256	聚会 jùhuì	冏 모임, 미팅
257	决定 juédìng	됨 결정하다

 K 12

258	咖啡 kāfēi	冏 커피
259	开 kāi	됨 열다
260	开始 kāishǐ	됨 시작하다
261	看 kàn	됨 보다
262	看法 kànfǎ	冏 생각, 견해, 관점
263	考虑 kǎolǜ	됨 고려하다
264	可能 kěnéng	등 아마, 어쩌면
265	可以 kěyǐ	등 ~해도 된다
266	客户 kèhù	冏 고객
267	客人 kèrén	冏 손님
268	空 kōng	혱 (속이) 비다, (내용이) 없다
269	空调 kōngtiáo	冏 에어컨
270	裤子 kùzi	冏 바지
271	快 kuài	혱 빠르다
272	困难 kùnnan	冏 어려움

 L 13

273	来 lái	됨 오다
274	劳驾 láojià	됨 실례합니다, (부탁 시) 죄송합니다
275	老 lǎo	혱 오래되다, 늙다
276	老板 lǎobǎn	冏 사장, 지배인
277	了 le	죄 결과, 변화 등의 뜻을 나타냄
278	累 lèi	혱 피곤하다
279	冷 lěng	혱 춥다
280	离 lí	젠 ~에서, ~로 부터
281	离开 líkāi	됨 떠나다
282	礼物 lǐwù	冏 선물
283	联系 liánxi	됨 연락하다
284	辆 liàng	양 자동차, 자전거를 세는 양사
285	聊天 liáotiān	됨 수다 떨다

286	了解 liǎojiě	통 이해하다
287	领带 lǐngdài	명 넥타이
288	另外 lìngwài	대 다른 접 이 밖에
289	留言 liúyán	명 메모, 쪽지
290	楼 lóu	명 건물, 층
291	路 lù	명 길
292	旅行社 lǚxíngshè	명 여행사
293	旅游 lǚyóu	명 여행

M 14

294	麻烦 máfan	형 번거롭다
295	马上 mǎshàng	부 곧, 바로
296	吗 ma	조 문장 끝에 쓰여 의문을 나타냄
297	买 mǎi	동 사다
298	卖 mài	동 팔다
299	满 mǎn	형 가득차다
300	满意 mǎnyì	형 만족하다
301	忙 máng	형 바쁘다
302	没关系 méi guānxi	괜찮다, 상관 없다
303	没有 méiyǒu	동 없다 부 동사의 과거를 부정
304	每 měi	대 매, 각
305	门 mén	명 문
306	米 mǐ	명 미터
307	秘书 mìshū	명 비서
308	免费 miǎnfèi	명 무료, 공짜 형 무료로
309	名片 míngpiàn	명 명함
310	明天 míngtiān	명 내일
311	名字 míngzi	명 이름

N 15

312	拿 ná	동 들다, 가지다
313	哪(哪儿) nǎ(nǎr)	대 어디(어느 곳)
314	那(那儿) nà(nàr)	대 저(저 곳)
315	男 nán	명 남자
316	难 nán	형 어렵다
317	呢 ne	조 문장 끝에 쓰여 의문을 나타냄
318	能 néng	동 할 수 있다
319	你(你们) nǐ(nǐmen)	대 너(너희들)
320	年龄 niánlíng	명 나이
321	年轻 niánqīng	형 젊다
322	您 nín	대 당신
323	努力 nǔlì	형 노력하다
324	女 nǚ	명 여자

P 16

325	跑步 pǎobù	명 달리기 동 달리기하다
326	朋友 péngyou	명 친구
327	啤酒 píjiǔ	명 맥주
328	便宜 piányi	형 싸다, 저렴하다
329	票 piào	명 표, 티켓
330	漂亮 piàoliang	형 예쁘다

Q 17

331	奇怪 qíguài	형 이상하다
332	其实 qíshí	부 사실, 사실은
333	其他 qítā	대 (사람, 사물 등에 쓰여) 기타
334	其中 qízhōng	대 그 중에, 그 안에
335	起床 qǐchuáng	동 일어나다
336	起飞 qǐfēi	동 이륙하다

337	企业 qǐyè	명 기업
338	签 qiān	동 체결하다
339	签证 qiānzhèng	명 비자
340	钱 qián	명 돈
341	桥 qiáo	명 다리
342	轻 qīng	형 가볍다
343	清楚 qīngchu	형 분명하다, 확실하다
344	情况 qíngkuàng	명 상황
345	晴 qíng	형 (날씨가) 맑다
346	请 qǐng	동 부탁하다, 초청하다
347	取 qǔ	동 취하다, 얻다
348	去 qù	동 가다
349	去年 qùnián	명 작년
350	全部 quánbù	명 전부, 모두
351	缺 quē	동 부족하다

R 🎧18

352	然后 ránhòu	접 그 다음에, 그런 후에
353	让 ràng	동 양보하다, 시키다
354	热 rè	형 덥다, 뜨겁다
355	人 rén	명 사람
356	人民币 Rénmínbì	명 인민폐
357	认识 rènshi	동 알다, 인식하다
358	认为 rènwéi	동 생각하다, 여기다
359	认真 rènzhēn	형 진지하다
360	日程 rìchéng	명 일정
361	日期 rìqī	명 날짜, 일시
362	容易 róngyì	형 쉽다
363	如果 rúguǒ	접 만약
364	入口 rùkǒu	명 입구

S 🎧19

365	伞 sǎn	명 우산
366	商店 shāngdiàn	명 상점
367	商量 shāngliang	동 상의하다
368	商务 shāngwù	명 비즈니스
369	商业 shāngyè	명 상업
370	上班 shàngbān	명 출근 동 출근하다
371	上网 shàngwǎng	동 인터넷을 하다
372	上午 shàngwǔ	명 오전
373	少 shǎo	형 적다, 부족하다
374	设计 shèjì	명 설계, 디자인 동 설계하다
375	身体 shēntǐ	명 몸, 신체
376	什么 shénme	대 무엇
377	生病 shēngbìng	동 병이 나다
378	生产 shēngchǎn	동 생산하다
379	生活 shēnghuó	명 생활 동 생활하다
380	生意 shēngyi	명 장사
381	时候 shíhou	명 때, 시각
382	时间 shíjiān	명 시간
383	时刻 shíkè	명 시각
384	使用 shǐyòng	동 사용하다
385	试 shì	동 시험하다, 시험삼아 해 보다
386	是 shì	동 ~이다
387	适合 shìhé	동 적합하다, 어울리다
388	世界 shìjiè	명 세계
389	市场 shìchǎng	명 시장
390	事情 shìqing	명 일, 사건
391	收 shōu	동 받다
392	收入 shōurù	명 수입, 소득
393	手机 shǒujī	명 휴대전화
394	手续 shǒuxù	명 수속
395	瘦 shòu	형 마르다, 여위다
396	舒服 shūfu	형 (몸, 마음이) 편안하다, 홀가분하다

397	数字 shùzì	명 숫자
398	刷 shuā	동 솔로 닦다, (카드를) 긁다
399	双 shuāng	양 쌍, 짝, 켤레
400	谁 shéi	대 누구
401	水 shuǐ	명 물
402	水果 shuǐguǒ	명 과일
403	水平 shuǐpíng	명 수준
404	税 shuì	명 세, 세금
405	睡觉 shuìjiào	동 잠을 자다
406	说 shuō	동 말을 하다
407	说明 shuōmíng	명 설명 동 설명하다
408	司机 sījī	명 운전 기사
409	送 sòng	동 보내다, 주다
410	虽然……但是 suīrán …… dànshì	접 비록 ～이지만 ～하다
411	岁 suì	명 살, 세
412	所有 suǒyǒu	형 모든, 전부의

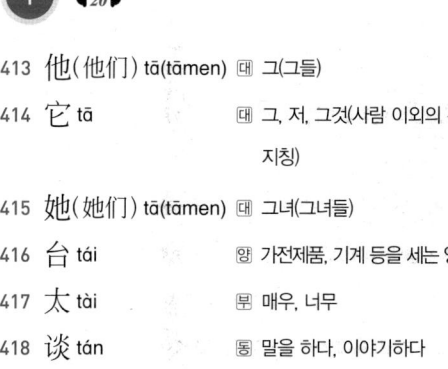

413	他(他们) tā(tāmen)	대 그(그들)
414	它 tā	대 그, 저, 그것(사람 이외의 것을 지칭)
415	她(她们) tā(tāmen)	대 그녀(그녀들)
416	台 tái	양 가전제품, 기계 등을 세는 양사
417	太 tài	부 매우, 너무
418	谈 tán	동 말을 하다, 이야기하다
419	谈判 tánpàn	명 협상
420	趟 tàng	양 이동 횟수를 세는 양사
421	讨论 tǎolùn	명 토론 동 토론하다
422	套 tào	양 물건의 세트를 세는 양사
423	特点 tèdiǎn	명 특징
424	疼 téng	형 아프다, 불편하다
425	提高 tígāo	동 향상시키다, 끌어올리다

426	提前 tíqián	부 미리, 앞서
427	提醒 tíxǐng	동 일깨워주다, 환기시키다
428	天气 tiānqì	명 날씨
429	填 tián	동 괄호나 공간 등을 메우다
430	条 tiáo	양 가늘고 긴 것 등을 세는 양사
431	条件 tiáojiàn	명 조건
432	听 tīng	동 듣다
433	停 tíng	동 정지하다
434	挺 tǐng	부 제법, 아주
435	通知 tōngzhī	명 공지, 통지 동 공지하다
436	同事 tóngshì	명 회사 동료
437	同意 tóngyì	명 동의 동 동의하다
438	头发 tóufa	명 머리카락
439	突然 tūrán	부 갑자기 형 갑작스럽다
440	退 tuì	동 반환하다, 물러나다

W 21

441	完 wán	동 완성하다, 마치다
442	完成 wánchéng	명 완성 동 완성하다
443	晚 wǎn	형 (규정된 시간보다) 늦다
444	晚上 wǎnshang	명 저녁
445	往 wǎng	전 ～쪽으로, ～을 향해
446	忘记 wàngjì	동 잊어버리다
447	为 wèi	전 ～에게, ～을 위하여
448	位 wèi	양 분, 명(공경, 존경의 뜻)
449	为了 wèile	전 ～을 위하여
450	为什么 wèishénme	대 왜, 어째서, 무엇 때문에
451	温度 wēndù	명 온도
452	文件 wénjiàn	명 문서, 서류
453	文件夹 wénjiànjiā	명 서류철
454	问 wèn	동 묻다, 질문하다
455	问题 wèntí	명 문제
456	我(我们) wǒ(wǒmen)	대 나(우리)

457	希望 xīwàng	명 희망 동 바라다, 원하다
458	吸烟 xīyān	명 흡연 동 흡연하다
459	西装 xīzhuāng	명 양복, 수트
460	习惯 xíguàn	명 습관 동 습관이 되다
461	喜欢 xǐhuan	동 좋아하다
462	洗手间 xǐshǒujiān	명 화장실
463	下午 xiàwǔ	명 오후
464	下雨 xiàyǔ	동 비가 내리다
465	先 xiān	부 우선, 먼저
466	先生 xiānsheng	명 선생님, 씨(성인 남성에 대한 경칭)
467	现金 xiànjīn	명 현금
468	现在 xiànzài	명 현재, 지금
469	相信 xiāngxìn	동 믿다, 신임하다
470	想 xiǎng	동 생각하다 조동 ~하고 싶다
471	向 xiàng	전 ~을 향하여
472	项 xiàng	명 항목 양 가지, 항목, 조항
473	销售 xiāoshòu	명 판매 동 판매하다
474	消息 xiāoxi	명 소식
475	小 xiǎo	형 작다
476	小姐 xiǎojiě	명 아가씨, 젊은 여자에 대한 호칭
477	小心 xiǎoxīn	형 조심하다
478	笑 xiào	동 웃다
479	些 xiē	양 몇, 약간
480	鞋 xié	명 신발
481	写 xiě	동 쓰다, 적다
482	谢谢 xièxie	동 감사하다, 고마워하다
483	新 xīn	형 새롭다
484	新闻 xīnwén	명 뉴스
485	信 xìn	명 편지, 서신 동 믿다
486	信用卡 xìnyòngkǎ	명 신용카드
487	行 xíng	동 가다, ~해도 좋다
488	行李箱 xínglǐxiāng	명 여행용 가방, 트렁크

489	姓 xìng	명 성, 성씨 동 성이 ~이다
490	性别 xìngbié	명 성별
491	幸会 xìnghuì	동 만나 뵙게 되어 영광입니다 (경어)
492	兴趣 xìngqù	명 흥미, 재미
493	修改 xiūgǎi	동 수정하다, 고치다
494	修理 xiūlǐ	동 수리하다
495	休息 xiūxi	명 휴식 동 쉬다, 휴식하다
496	需要 xūyào	동 필요하다, 요구되다
497	选择 xuǎnzé	명 선택 동 선택하다
498	学习 xuéxí	명 공부 동 공부하다
499	学校 xuéxiào	명 학교

500	颜色 yánsè	명 색, 색깔
501	眼镜 yǎnjìng	명 안경
502	宴会 yànhuì	명 연회, 잔치
503	邀请 yāoqǐng	동 초대하다
504	要求 yāoqiú	명 요구, 요구사항 동 요구하다
505	药 yào	명 약
506	要 yào	동 필요하다 조동 ~해야 한다
507	也 yě	부 ~도
508	业务 yèwù	명 업무
509	衣服 yīfu	명 옷
510	医生 yīshēng	명 의사
511	医院 yīyuàn	명 병원
512	一定 yídìng	부 반드시, 꼭
513	一共 yígòng	부 모두, 전부
514	一会儿 yíhuìr	명 짧은 시간, 잠시
515	一下 yíxià	양 동사 뒤에 쓰여 '잠깐 ~해 보다'의 뜻
516	一样 yíyàng	형 같다, 동일하다
517	以后 yǐhòu	명 이후

518	已经 yǐjing	悍 이미, 벌써
519	以为 yǐwéi	동 ~인 줄 알다(사실과 예상이 다를 때)
520	一般 yìbān	형 보통이다, 일반적이다
521	一点儿 yìdiǎnr	양 조금, 약간
522	意见 yìjiàn	명 의견, 불만
523	一起 yìqǐ	悍 함께
524	意思 yìsi	명 의미, 뜻
525	一直 yìzhí	悍 계속, 줄곧
526	阴天 yīntiān	명 흐린 날, 흐린 날씨
527	因为……所以 yīnwéi……suǒyǐ	접 ~이기 때문에 그래서 ~하다
528	银行 yínháng	명 은행
529	饮料 yǐnliào	명 음료, 음료수
530	应该 yīnggāi	悍 마땅히
531	营业 yíngyè	명 영업 동 영업하다
532	影响 yǐngxiǎng	동 영향을 미치다
533	用 yòng	동 사용하다
534	优惠 yōuhuì	명 특혜, 우대 형 특혜의, 우대의
535	由 yóu	전 ~로 부터, ~에서, ~이(가)
536	邮局 yóujú	명 우체국
537	由于 yóuyú	접 왜냐하면, ~기 때문에
538	有 yǒu	동 있다
539	有名 yǒumíng	형 유명하다
540	又 yòu	悍 또, 다시
541	愉快 yúkuài	형 즐겁다, 기쁘다
542	遇到 yùdào	동 우연히 마주치다, 맞닥뜨리다
543	预约 yùyuē	동 예약하다
544	员工 yuángōng	명 직원
545	原因 yuányīn	명 원인
546	远 yuǎn	형 멀다
547	愿意 yuànyì	동 원하다, 바라다
548	运动 yùndòng	명 운동 동 운동하다

Z 🎧 24

549	再 zài	悍 다시, 또
550	在 zài	동 ~에 있다
551	再见 zàijiàn	동 또 뵙겠습니다, 안녕히 계십시오
552	早 zǎo	형 기준 시간보다 이르다
553	早上 zǎoshang	명 아침
554	怎么 zěnme	대 왜, 어떻게
555	怎么样 zěnmeyàng	어떻다, 어떠하다
556	增加 zēngjiā	동 증가하다
557	站 zhàn	명 정거장 동 서다
558	张 zhāng	양 종이나 가죽 등을 세는 양사
559	涨 zhǎng	동 (수위나 물가 등이) 오르다
560	账号 zhànghào	명 계좌번호
561	招聘 zhāopìn	동 모집하다, 초빙하다
562	找 zhǎo	동 찾다, 돈을 거슬러주다
563	照片 zhàopiàn	명 사진
564	照相机 zhàoxiàngjī	명 카메라
565	这(这儿) zhè(zhèr)	대 이것(이곳)
566	着 zhe	조 ~하고 있다(동작의 지속을 나타냄)
567	真 zhēn	형 사실이다, 진짜이다 悍 확실히, 정말
568	正确 zhèngquè	형 정확하다, 올바르다
569	正在 zhèngzài	悍 지금 ~하는 중이다(진행형)
570	知道 zhīdào	동 알다, 알고 있다
571	支付 zhīfù	동 지불하다, 내다
572	支票 zhīpiào	명 수표
573	直接 zhíjiē	형 직접적인
574	只 zhǐ	悍 단지
575	质量 zhìliàng	명 질량
576	制作 zhìzuò	동 만들다, 제작하다
577	中间 zhōngjiān	명 중간
578	中午 zhōngwǔ	명 정오, 낮12시 전후

579	中心 zhōngxīn	몡 센터, 중심
580	终于 zhōngyú	틧 마침내, 드디어
581	种 zhǒng	먱 종류, 부류, 가지
582	重 zhòng	혱 무겁다
583	重量 zhòngliàng	몡 무게, 중량
584	重要 zhòngyào	혱 중요하다
585	主任 zhǔrèn	몡 주임
586	主要 zhǔyào	혱 주요한, 주된 틧 주로, 대부분
587	住 zhù	통 살다, 거주하다
588	祝 zhù	통 축복하다, 기원하다
589	专家 zhuānjiā	몡 전문가
590	转 zhuǎn	통 돌다, 회전하다
591	准 zhǔn	혱 정확하다, 틀림없다
592	桌子 zhuōzi	몡 책상, 테이블
593	自己 zìjǐ	때 자신, 자기
594	总 zǒng	틧 언제나, 항상
595	走 zǒu	통 가다, 걷다
596	最 zuì	틧 가장, 최고로
597	昨天 zuótiān	몡 어제
598	坐 zuò	통 앉다, (교통수단 등을) 타다
599	座 zuò	몡 자리, 좌석
600	做 zuò	통 하다, 만들다

商 务 汉 语 考 试 BCT（A） 答 题 卡

请填写考生信息

请填写考生信息

按照考试证件上的姓名填写：

姓名

如果有中文姓名，填写：

中文姓名

考生序号	[0] [1] [2] [3] [4] [5] [6] [7] [8] [9]
	[0] [1] [2] [3] [4] [5] [6] [7] [8] [9]
	[0] [1] [2] [3] [4] [5] [6] [7] [8] [9]
	[0] [1] [2] [3] [4] [5] [6] [7] [8] [9]
	[0] [1] [2] [3] [4] [5] [6] [7] [8] [9]

考生序号	[0] [1] [2] [3] [4] [5] [6] [7] [8] [9]
	[0] [1] [2] [3] [4] [5] [6] [7] [8] [9]
	[0] [1] [2] [3] [4] [5] [6] [7] [8] [9]
	[0] [1] [2] [3] [4] [5] [6] [7] [8] [9]
	[0] [1] [2] [3] [4] [5] [6] [7] [8] [9]
	[0] [1] [2] [3] [4] [5] [6] [7] [8] [9]
	[0] [1] [2] [3] [4] [5] [6] [7] [8] [9]

国籍	[0] [1] [2] [3] [4] [5] [6] [7] [8] [9]
	[0] [1] [2] [3] [4] [5] [6] [7] [8] [9]
	[0] [1] [2] [3] [4] [5] [6] [7] [8] [9]

年龄	[0] [1] [2] [3] [4] [5] [6] [7] [8] [9]
	[0] [1] [2] [3] [4] [5] [6] [7] [8] [9]

性别	男 [1]	女 [2]

注意　请用2B铅笔这样写：■

一、听 力

1. [√] [×]
2. [√] [×]
3. [√] [×]
4. [√] [×]
5. [√] [×]

6. [√] [×]
7. [√] [×]
8. [√] [×]
9. [√] [×]
10. [√] [×]

11. [A] [B] [C]
12. [A] [B] [C]
13. [A] [B] [C]
14. [A] [B] [C]
15. [A] [B] [C]

16. [A] [B] [C]
17. [A] [B] [C]
18. [A] [B] [C]
19. [A] [B] [C]
20. [A] [B] [C]

21. [A] [B] [C]
22. [A] [B] [C]
23. [A] [B] [C]
24. [A] [B] [C]
25. [A] [B] [C]

26. [A] [B] [C]
27. [A] [B] [C]
28. [A] [B] [C]
29. [A] [B] [C]
30. [A] [B] [C]

二、阅 读

31. [A] [B] [C] [D] [E] [F]
32. [A] [B] [C] [D] [E] [F]
33. [A] [B] [C] [D] [E] [F]
34. [A] [B] [C] [D] [E] [F]
35. [A] [B] [C] [D] [E] [F]

36. [A] [B] [C] [D] [E] [F]
37. [A] [B] [C] [D] [E] [F]
38. [A] [B] [C] [D] [E] [F]
39. [A] [B] [C] [D] [E] [F]
40. [A] [B] [C] [D] [E] [F]

41. [A] [B] [C]
42. [A] [B] [C]
43. [A] [B] [C]
44. [A] [B] [C]
45. [A] [B] [C]

46. [A] [B] [C]
47. [A] [B] [C]
48. [A] [B] [C]
49. [A] [B] [C]
50. [A] [B] [C]

51. [A] [B] [C]
52. [A] [B] [C]
53. [A] [B] [C]
54. [A] [B] [C]
55. [A] [B] [C]

56. [A] [B] [C]
57. [A] [B] [C]
58. [A] [B] [C]
59. [A] [B] [C]
60. [A] [B] [C]

三、书 写

61.　　62.　　63.　　64.　　65.

66.　　67.　　68.　　69.　　70.

商 务 汉 语 考 试 BCT（A）答 题 卡

■ ■

一、听力

1. [✓] [✗]　　6. [✓] [✗]　　11. [A] [B] [C]　　16. [A] [B] [C]　　21. [A] [B] [C]　　26. [A] [B] [C]
2. [✓] [✗]　　7. [✓] [✗]　　12. [A] [B] [C]　　17. [A] [B] [C]　　22. [A] [B] [C]　　27. [A] [B] [C]
3. [✓] [✗]　　8. [✓] [✗]　　13. [A] [B] [C]　　18. [A] [B] [C]　　23. [A] [B] [C]　　28. [A] [B] [C]
4. [✓] [✗]　　9. [✓] [✗]　　14. [A] [B] [C]　　19. [A] [B] [C]　　24. [A] [B] [C]　　29. [A] [B] [C]
5. [✓] [✗]　　10. [✓] [✗]　　15. [A] [B] [C]　　20. [A] [B] [C]　　25. [A] [B] [C]　　30. [A] [B] [C]

二、阅读

31. [A] [B] [C] [D] [E] [F]　　36. [A] [B] [C] [D] [E] [F]　　41. [A] [B] [C]　　46. [A] [B] [C]
32. [A] [B] [C] [D] [E] [F]　　37. [A] [B] [C] [D] [E] [F]　　42. [A] [B] [C]　　47. [A] [B] [C]
33. [A] [B] [C] [D] [E] [F]　　38. [A] [B] [C] [D] [E] [F]　　43. [A] [B] [C]　　48. [A] [B] [C]
34. [A] [B] [C] [D] [E] [F]　　39. [A] [B] [C] [D] [E] [F]　　44. [A] [B] [C]　　49. [A] [B] [C]
35. [A] [B] [C] [D] [E] [F]　　40. [A] [B] [C] [D] [E] [F]　　45. [A] [B] [C]　　50. [A] [B] [C]

51. [A] [B] [C]　　56. [A] [B] [C]
52. [A] [B] [C]　　57. [A] [B] [C]
53. [A] [B] [C]　　58. [A] [B] [C]
54. [A] [B] [C]　　59. [A] [B] [C]
55. [A] [B] [C]　　60. [A] [B] [C]

三、书写

61.　　62.　　63.　　64.　　65.

66.　　67.　　68.　　69.　　70.

商务汉语考试BCT（A）答题卡

一、听力

1. [✓] [×]　　6. [✓] [×]　　11. [A] [B] [C]　　16. [A] [B] [C]　　21. [A] [B] [C]　　26. [A] [B] [C]
2. [✓] [×]　　7. [✓] [×]　　12. [A] [B] [C]　　17. [A] [B] [C]　　22. [A] [B] [C]　　27. [A] [B] [C]
3. [✓] [×]　　8. [✓] [×]　　13. [A] [B] [C]　　18. [A] [B] [C]　　23. [A] [B] [C]　　28. [A] [B] [C]
4. [✓] [×]　　9. [✓] [×]　　14. [A] [B] [C]　　19. [A] [B] [C]　　24. [A] [B] [C]　　29. [A] [B] [C]
5. [✓] [×]　　10. [✓] [×]　　15. [A] [B] [C]　　20. [A] [B] [C]　　25. [A] [B] [C]　　30. [A] [B] [C]

二、阅读

31. [A] [B] [C] [D] [E] [F]　　36. [A] [B] [C] [D] [E] [F]　　41. [A] [B] [C]　　46. [A] [B] [C]
32. [A] [B] [C] [D] [E] [F]　　37. [A] [B] [C] [D] [E] [F]　　42. [A] [B] [C]　　47. [A] [B] [C]
33. [A] [B] [C] [D] [E] [F]　　38. [A] [B] [C] [D] [E] [F]　　43. [A] [B] [C]　　48. [A] [B] [C]
34. [A] [B] [C] [D] [E] [F]　　39. [A] [B] [C] [D] [E] [F]　　44. [A] [B] [C]　　49. [A] [B] [C]
35. [A] [B] [C] [D] [E] [F]　　40. [A] [B] [C] [D] [E] [F]　　45. [A] [B] [C]　　50. [A] [B] [C]

51. [A] [B] [C]　　56. [A] [B] [C]
52. [A] [B] [C]　　57. [A] [B] [C]
53. [A] [B] [C]　　58. [A] [B] [C]
54. [A] [B] [C]　　59. [A] [B] [C]
55. [A] [B] [C]　　60. [A] [B] [C]

三、书写

61.　　　　62.　　　　63.　　　　64.　　　　65.

66.　　　　67.　　　　68.　　　　69.　　　　70.

商务汉语考试BCT（A）答题卡

请填写考生信息

请填写考生信息

按照考试证件上的姓名填写：

姓名	

如果有中文姓名，填写：

中文姓名	

考生序号

	[0] [1] [2] [3] [4] [5] [6] [7] [8] [9]
	[0] [1] [2] [3] [4] [5] [6] [7] [8] [9]
	[0] [1] [2] [3] [4] [5] [6] [7] [8] [9]
	[0] [1] [2] [3] [4] [5] [6] [7] [8] [9]
	[0] [1] [2] [3] [4] [5] [6] [7] [8] [9]

考生序号

	[0] [1] [2] [3] [4] [5] [6] [7] [8] [9]
	[0] [1] [2] [3] [4] [5] [6] [7] [8] [9]
	[0] [1] [2] [3] [4] [5] [6] [7] [8] [9]
	[0] [1] [2] [3] [4] [5] [6] [7] [8] [9]
	[0] [1] [2] [3] [4] [5] [6] [7] [8] [9]
	[0] [1] [2] [3] [4] [5] [6] [7] [8] [9]
	[0] [1] [2] [3] [4] [5] [6] [7] [8] [9]

国籍

	[0] [1] [2] [3] [4] [5] [6] [7] [8] [9]
	[0] [1] [2] [3] [4] [5] [6] [7] [8] [9]
	[0] [1] [2] [3] [4] [5] [6] [7] [8] [9]

年龄

	[0] [1] [2] [3] [4] [5] [6] [7] [8] [9]
	[0] [1] [2] [3] [4] [5] [6] [7] [8] [9]

性别　　　　男 [1]　　　　女 [2]

注意　　请用2B铅笔这样写：■

一、听力

1. [√] [×]
2. [√] [×]
3. [√] [×]
4. [√] [×]
5. [√] [×]

6. [√] [×]
7. [√] [×]
8. [√] [×]
9. [√] [×]
10. [√] [×]

11. [A] [B] [C]
12. [A] [B] [C]
13. [A] [B] [C]
14. [A] [B] [C]
15. [A] [B] [C]

16. [A] [B] [C]
17. [A] [B] [C]
18. [A] [B] [C]
19. [A] [B] [C]
20. [A] [B] [C]

21. [A] [B] [C]
22. [A] [B] [C]
23. [A] [B] [C]
24. [A] [B] [C]
25. [A] [B] [C]

26. [A] [B] [C]
27. [A] [B] [C]
28. [A] [B] [C]
29. [A] [B] [C]
30. [A] [B] [C]

二、阅读

31. [A] [B] [C] [D] [E] [F]
32. [A] [B] [C] [D] [E] [F]
33. [A] [B] [C] [D] [E] [F]
34. [A] [B] [C] [D] [E] [F]
35. [A] [B] [C] [D] [E] [F]

36. [A] [B] [C] [D] [E] [F]
37. [A] [B] [C] [D] [E] [F]
38. [A] [B] [C] [D] [E] [F]
39. [A] [B] [C] [D] [E] [F]
40. [A] [B] [C] [D] [E] [F]

41. [A] [B] [C]
42. [A] [B] [C]
43. [A] [B] [C]
44. [A] [B] [C]
45. [A] [B] [C]

46. [A] [B] [C]
47. [A] [B] [C]
48. [A] [B] [C]
49. [A] [B] [C]
50. [A] [B] [C]

51. [A] [B] [C]
52. [A] [B] [C]
53. [A] [B] [C]
54. [A] [B] [C]
55. [A] [B] [C]

56. [A] [B] [C]
57. [A] [B] [C]
58. [A] [B] [C]
59. [A] [B] [C]
60. [A] [B] [C]

三、书写

61.

62.

63.

64.

65.

66.

67.

68.

69.

70.

동양b⚪⚪ks 단계별 추천 新HSK 도서

| 新 HSK 모의고사 | 종합서 |

6급

5급

4급

3급 · 2급

북경대 新HSK 실전 모의고사
2급·3급·4급·5급·6급
최신 개정판

★ 汉办 개정단어 반영 최신 개정판
★ 출간 즉시 新HSK 시험 매회 적중!
★ 〈新HSK 이거하나면 끝! 실전 모의고사〉 완벽 해설판!
★ 汉办 공식 개정단어장 무료 제공!

독학용

북경대출판사 펴냄, 刘云 외 지음 | 4×6배판

2급	276쪽	16,500원
3급	248쪽	16,500원
4급	308쪽	17,500원
5급	400쪽	18,500원
6급	488쪽	19,500원

北京大学 新HSK 끝짱 모의고사
4급·5급

★ 新HSK 급수 한번에 끝장내자!
★ 북경대학과 국내 최고의 강사진의 만남!
★ 최신 기출 경향을 반영한 문제 5세트 수록!
★ 자세하고 방대한 해설 무료 다운로드!

(www.dongyangbooks.com)

배수진, 이민혜, 최지은 지음 | 4×6배판

4급	168쪽	13,000원
5급	216쪽	14,000원